DER GRENADIER UND DIE HEILIGE JUNGFRAU

und
andere Anekdoten
aus drei Jahr-
hunderten

Franz Fabian

Militärverlag
der Deutschen Demokratischen
Republik

Die in dem Band enthaltenen Abbildungen sind zum Teil zeitgenössische Darstellungen aus dem Soldatenalltag nach Grafiken verschiedener Künstler und Reproduktionen nach Stichen von Adolph Menzel.

ISBN 3-327-00139-1

Die ungewohnten Fremdworte

Der kurbrandenburgische Generalfeldmarschall Georg von Derfflinger wurde als Sohn eines armen Bauern in Neuhofen bei Linz in Österreich geboren. Als Kind mußte er mit seinen Eltern, da die Familie protestantischen Glaubens war, aus dem unduldsamen Österreich auswandern. Während des Dreißigjährigen Krieges hatte er »von der Pike auf« gedient. Als einfacher Dragoner war er in das sächsische Heer eingetreten und seit 1630 bei den Schweden unter Gustav Adolf gewesen. Durch kühne Waffentaten, seine schnelle Auffassungsgabe und Intelligenz war er Offizier geworden und wurde schnell befördert. Im Jahre 1655 trat er in brandenburgische Dienste.

In seiner Jugend war Derfflinger ohne Schulunterricht geblieben und hatte mühselig Lesen und Schreiben gelernt. So gab es in seinem Wissen große Lücken. Besonders aber fehlte ihm die Kenntnis fremder Sprachen. Nur das Schwedische war ihm durch seinen fünfzehnjährigen Dienst in der Armee Gustav Adolfs geläufig. Das führte manchmal zu Irrtümern.

Als ihm einmal ein Offizier, den er ausgesandt hatte, um die Stellungen des Feindes zu erkunden, vor seine schriftliche Meldung das Wort Raptim setzte, suchte Derfflinger vergeblich nach einer Ortschaft solchen Namens. Er äußerte schließlich mürrisch zu den Offizieren seines Stabes: »Da hab ich den Rittmeister in die Gegend von Neudorf beor-

dert, und der Teufel hat ihn nach Raptim geführt.«

Als ihm dann ein Offizier erklärte, Raptim sei ein lateinisches Wort und bedeute soviel wie »in Eile«, da entgegnete Derfflinger ärgerlich: »Hätte der Kerl doch auf gut Deutsch ›in Eile‹ hingeschrieben, dann hätte ich mir eine halbe Stunde unnützes Suchen erspart.«

In einem anderen Falle, als ihm gemeldet wurde, daß der Angriff auf den Feind durch die Défilées* aufgehalten würde, verwechselte er das französische Wort mit dem plattdeutschen Ausdruck »Diewels« und rief erbost: »So schlagt doch die Teufels zusammen, Sakrament!«

Mit der Elle gemessen

Vom Feldmarschall Derfflinger, von dessen Jugend wenig bekannt geworden ist, wurde erzählt, daß er vor seiner Soldatenzeit auch einmal Schneidergeselle gewesen sei. So mancher adlige Junker konnte es nicht verwinden, daß dieser Mann Generalfeldmarschall geworden war, den Adelstitel erhalten hatte und vom Kurfürsten mit allem schuldigen Respekt behandelt wurde. Hochnäsig, wie diese Leute waren, versuchten sie immer wieder, über Derfflinger zu spotten und ihn lächerlich zu machen.

Als einmal eine große Schar geladener Gäste an der Tafel des Kurfürsten

Friedrich Wilhelm beisammensaß, fragte der Herzog von Holstein-Beck den Kurfürsten: »Ist es denn wahr, Kurfürstliche Durchlaucht, daß Sie einen General in Diensten haben, der früher einmal ein Schneidergeselle gewesen ist und Nadel und Elle geschwungen hat?«

Belustigt hörten manche der Anwesenden diesen Worten zu und begannen zu kichern.

Bevor der Kurfürst antworten konnte, sprang Derfflinger zornig auf und rief dem Herzog zu: »Hier ist der Mann, von dem das behauptet wird. Und hier«, dabei legte er die Hand auf seinen Degen, »ist die Elle, mit der ich die Hundsfötter nach Länge und Breite messe, bevor ich sie damit kurz und klein schneide.«

Das war eine unzweideutige Aufforderung. Ein betretenes Schweigen trat ein, und der Herzog erbleichte. Er erkannte, daß er zu weit gegangen war, und entschuldigte sich, vor Verlegenheit stammelnd, bei dem Feldmarschall.

Stets schlagfertig

Als nach der Schlacht bei Fehrbellin im Juni 1675 die geschlagenen Schweden die Flucht ergriffen, rieten einige Generale dem Kurfürsten von Brandenburg, man solle den Feind ruhig ziehen lassen.

Da Kurfürst Friedrich Wilhelm bereits daran dachte, mit den Schweden einen möglichst vorteilhaften Friedensvertrag abzuschließen, stimmte er zunächst diesem Vorschlag zu und äußerte, ein Sprichwort zitierend: »Man muß dem fliehenden Feind goldene Brücken bauen.«

Sein Feldmarschall Derfflinger aber war anderer Meinung und erwiderte auf die Worte des Kurfürsten mit einem anderen Sprichwort: »Ne, da heeßt et better bi mi, geschwind die Eier in die Pfann schlagen, eh da Küken ut kommen.«

Mit einigen hundert Reitern verfolgte Derfflinger die Schweden, wobei der Kurfürst mit der Hauptmacht des Heeres nachrückte, und jagte sie so lange, bis kein Schwede mehr auf brandenburgischem Boden stand.

Seltsame Methoden der Rekrutenwerbung

Die preußischen Werber zur Zeit Friedrich Wilhelms I. waren der Schrekken Europas. Sie achteten häufig weder Recht noch Gesetz und schreckten vor keinem Betrug und keiner Schandtat zurück. Sie selbst waren aber wenig zu beneiden. Stets standen sie unter dem Zwang, möglichst viele und große Rekruten zu beschaffen, einerlei, mit welchen Mitteln. Dabei schwebten sie ständig in der Gefahr, von den Justizorganen der Staaten, auf deren Boden sie ihre Tätigkeit ausübten, ergriffen und streng bestraft zu werden. Es waren nicht die Besten, die sich für dieses traurige Geschäft hergaben.

In der Gegend von Jülich-Kleve am Niederrhein war es ein Baron von Hompesch, der die Werbung für die preußische Armee mit Eifer und Verschlagenheit betrieb. Bei einer seiner Fahrten entdeckte er einen baumlangen, noch jungen Tischlermeister, der ihm der rechte Mann für die Potsdamer Riesengarde zu sein schien.

Um zu erfahren, ob dieser Mann einer Werbung zugänglich wäre, schickte er einen seiner Helfer in Zivil zu diesem Tischlermeister. Der aber lehnte es ganz entschieden ab, in den Dienst des preußischen Königs zu treten. So konnten nur noch List und Gewalt zum Ziele führen.

Nun suchte der Baron Hompesch selbst, wie ein biederer Bürger gekleidet, die Werkstatt des Tischlers auf. Er gab dort eine große Kiste mit Deckel in

Auftrag, so lang und breit wie der Meister selbst. Als der Tischlermeister einige Tage später die bestellte Kiste im Quartier des Barons ablieferte, erklärte Hompesch, die Kiste sei viel zu kurz geraten, sie habe nicht die geforderte Länge.

Dieser aber erwiderte, daß der Beweis für seine gute Arbeit ja gleich erbracht werden könne, und legte sich in die Kiste.

Auf diesen Augenblick hatte Hompesch gewartet. Auf seinen Wink schlugen seine Helfer den Deckel zu und vernagelten ihn. Rasch wurde die Kiste auf einen bereitstehenden Wagen verladen, und in schneller Fahrt ging es zur Stadt hinaus.

Als man sich nach längerer Frist endlich in Sicherheit wähnte, wurde die Kiste wieder geöffnet. Aber man fand nur noch einen Toten darin. Der Tischler war inzwischen erstickt oder durch einen Herzschlag verstorben.

Auf Grund dieser Gewalttat, die ans Licht kam und viel Aufsehen erregte, wurde Hompesch vor Gericht gestellt und zum Tode verurteilt. Aber der König begnadigte ihn zu lebenslänglicher Festungshaft.

Eine kostspielige Leidenschaft

Für seine Potsdamer Riesengarde gab der sonst so sparsame Friedrich Wilhelm I. fast ebenso große Summen aus wie andere Souveräne seiner Zeit für ihre kostspieligen Mätressen, »weil ich doch in der Welt in nichts Plaisir finde, als in einer guten Armee«, hatte er bei seiner Thronbesteigung erklärt.

Auch die Untertanen konnten viel beim König erreichen, wenn sie ihm lange Soldaten besorgten. So erhielt zum Beispiel ein adliger Junker aus der Grafschaft Tecklenburg im Jahre 1716 gegen die Stellung von drei »langen Kerls« die Erlaubnis, seine Schwägerin heiraten zu dürfen, obwohl Friedrich

Wilhelm I. im allgemeinen Ehen unte Verwandten nicht gestattete. Im selbe Jahre wurde ein Herr von Förder zum Kammerherren ernannt, weil er zwei lange Soldaten lieferte und einen Revers für einen dritten ausstellte. Der ehemalige Hof- und Gerichtsrat Schunck, der wegen Bestechung im Amt nach Stuttgart geflohen war, erkaufte sich wieder die Gunst des Königs, indem er ihm zwei große Männer für sein Potsdamer Regiment lieferte. 5000 Taler für einen Riesen und eine Stiftsstelle für seine Schwester bekam der General Schmettau. Selbst der Kronprinz Friedrich konnte sich mit solchen »Argumenten von sechs Fuß«, die er seinem Vater vorstellte, gegen die Anschuldigung des Atheismus abschirmen.

Dabei war diese Potsdamer Riesengarde militärisch von nur geringem Nutzen. Wenn auch die Grenadiere die langen Musketen verhältnismäßig schnell laden konnten, so waren sie doch in ihren Bewegungen beim Manövrieren im Gelände viel zu schwerfällig und erregten durch ihre Größe geradezu die Aufmerksamkeit der feindlichen Artillerie.

Bald gab es unter den preußischen Offizieren zahlreiche kritische Stimmen gegen diese Sucht des Königs nach langen Soldaten. Der Generalleutnant Achatz von der Schulenburg schrieb am 22. Oktober 1731 an den Minister und General von Grumbkow, den Chef der preußischen Militärverwaltung: »Wir kommen wegen der Liebe zu diesen Kolossen aus einer Schwierigkeit in die andere. Gäbe er (der König) doch diese schrecklichen Aushebungen auf!

Er wird sich seine eigenen Untertanen fortnehmen lassen, um hin und wieder große Leute zu kriegen. Diese Verblendung ist beispiellos. Wir richten die Armee zugrunde und schicken Millionen ins Ausland, um Leute zu kriegen, die uns nicht das mindeste nutzen.«

Der erschrockene »Soldatenkönig«

Als in Berlin die Petrikirche erbaut wurde und der neue Turm eines Tages kurz vor seiner Vollendung einstürzte und dieses Ereignis König Friedrich Wilhelm I. gemeldet werden sollte, begann der Überbringer dieser Nachricht seinen Bericht mit den Worten: »Majestät, in Berlin hat sich ein großes Unglück ereignet!« – »Ja, was denn?« rief Friedrich Wilhelm erschrocken.

»Der Turm der Petrikirche ist eingestürzt!« – Der König beruhigte sich schnell und sagte erleichtert: »Ich dachte, wunder was geschehen sei, und glaubte schon, der Flügelmann vom Regiment Glasenapp wäre tot!«

Der vorschriftsmäßige Zopf

Der Zopf, den man in der preußischen Armee des 18. Jahrhunderts trug, wurde erstmalig 1714 beim Regiment Gensdarmes* in Berlin eingeführt. Gegenüber den langen Haaren der Soldaten des 17. Jahrhunderts oder den wallenden Allongeperücken war er freilich praktischer und hat sich sogar als Nakkenschutz gegen die Hiebe von Kavalleriesäbeln bewährt. Andererseits waren die Zöpfe aber auch eine wahre Plage. Sie mußten stets fest gewickelt und bei allen Soldaten von gleicher Länge sein. So mußten die Zöpfe oft durch eingeflochtene Pferdehaare verlängert werden. Außerdem wurde die ganze Haartracht auch noch gepudert, so daß die Soldaten viel Mühe und Zeit für ihre Frisur aufwenden mußten.

Bei einer Musterung seiner »langen Kerls« auf dem Exerzierplatz vor dem Potsdamer Stadtschloß stellte Friedrich Wilhelm I. fest, daß die Zöpfe seiner Grenadiere nicht fest genug gewickelt waren und dem von ihm geforderten Ideal nicht entsprachen. So hielt er eine kurze Ansprache an die Soldaten, die in der Forderung gipfelte: »Der Zopf muß stets so fest gedreht sein, daß auch die letzte Laus darin weinend zugrunde geht.«

Früchte der Bildungsarbeit

Der »Soldatenkönig« Friedrich Wilhelm I. wünschte, daß seine Grenadiere nicht nur militärisch bis zur absoluten Perfektion gedrillt, sondern auch bildungsmäßig instruiert werden sollten. Er verfügte, daß die Soldaten Unterricht im Lesen und Schreiben sowie in vaterländischer Kunde und Religion erhalten sollten.

Bei seinen Truppeninspektionen stellte der König immer wieder Fragen an die Soldaten, um sich von dem Erfolg des von ihm verordneten Unterrichts zu überzeugen. So fragte er eines Tages einen Rekruten: »Was soll also hier aus Ihm werden?«

»Een Christ soll ick werden, Majestät«, antwortete der Soldat.

Friedrich Wilhelm war über diese Antwort sehr erstaunt und fragte weiter: »Ja, ist Er denn kein Christ?«

»Nee, Majestät!«

»Nun schlägt's aber dreizehn, ja, was ist Er denn dann?«

»Een Berliner, Majestät«, antwortete der Rekrut.

Mit dreifachem Anlauf

1723 nahm der Fähnrich Hans Joachim von Zieten seinen Abschied aus der preußischen Armee. Er fühlte sich zurückgesetzt, weil er meinte, daß ihn sein Regimentskommandeur von Schwerin viermal mit der Beförderung übergangen hätte.

1726 meldete sich Zieten erneut zur Armee und wurde im Dragonerregiment von Wuthenow in Tilsit Premierleutnant in der Leibschwadron. Der Schwadronschef war jedoch auf den neuen Premierleutnant nicht gut zu sprechen.

Eines Sonntags war die Schwadron zum Kirchgang angetreten, aber der

Hans Joachim von Ziethen
General
Oberster des Leib
Lieutenant der Cavallerie

Rittmeister erschien nicht. Die Zeit verging, und die Offiziere wurden ungeduldig und waren der Meinung, daß der rangälteste Offizier die Schwadron zur Kirche führen sollte.

Zieten zögerte, denn er wollte den Rittmeister, bei dem er es ohnehin schwer hatte, nicht verärgern. Als aber die Zeit verstrich und der Schwadronschef noch immer nicht erschien, ließ Zieten die Dragoner abrücken.

In diesem Augenblick kam der Rittmeister. Mit lauter Stimme und in verletzender Form erteilte er Zieten einen scharfen Verweis »wegen seiner eigenmächtigen Handlungsweise« und fügte noch einige grobe Beleidigungen hinzu. Obwohl Zieten vor Zorn glühte, nahm er sich zusammen und hütete sich, dem Rittmeister zu widersprechen. Nach dem Kirchgang stellte Zieten den Rittmeister zur Rede und forderte für die Beleidigung Genugtuung. Der Rittmeister aber ging zum Regimentskommandeur und klagte den Leutnant als einen ungehorsamen und widerspenstigen Offizier an, der sich der Disziplin nicht füge. Ein schriftlicher Bericht im gleichen Sinne wurde an den König gesandt.

Ein Kriegsgericht verurteilte daraufhin Zieten Ende des Jahres 1728 zu einem Jahr Festung, das er in Friedrichsburg bei Königsberg verbrachte.

Nachdem Zieten wieder zu seinem Regiment zurückgekehrt war, kam es bald zu einem erneuten Zusammenstoß mit dem Rittmeister. Als der eines Tages angetrunken von einem Geburtstagsbesuch bei einer Schönen zurückkam, die ihm aber die kalte Schulter gezeigt hatte, traf er auf Zieten. Nach einem Wortwechsel griff er den Premierleutnant mit gezogenem Säbel auf offener Straße an. Zieten zog ebenfalls den Säbel und wehrte die Hiebe geschickt ab. Doch bei einem scharfen Schlag zerbrach seine Klinge. Er warf dem Rittmeister den Säbelkorb ins Gesicht, so daß dieser zurücktaumelte. Zieten ergriff eine in einem Haustor stehende Stange, wie man sie damals zum Wassertragen benutzte, und wehrte die weiteren Angriffe ab. Als sich ein anderer Offizier näherte, bat Zieten ihn um seinen Säbel. Der Offizier jedoch rief die Wache, die die Kämpfenden trennte und sie in Arrest brachte.

Abermals stellte sich der Regimentskommandeur in seinem Bericht an den König auf die Seite des Rittmeisters. Nach dem sechs Wochen später verkündeten Urteil des Kriegsgerichts erhielt der Rittmeister lediglich drei Monate Festungshaft, weil er ein Duell angefangen hatte. Zieten dagegen mußte den Abschied nehmen, weil es unwürdig sei, seinem Vorgesetzten den Säbelgriff ins Gesicht zu werfen.

Zieten blieb hartnäckig und versuchte es noch einmal. Da sich die Generale von Buddenbrock und von Flantz für ihn einsetzten, nahm Friedrich Wilhelm I. trotz schwerer Vorbehalte Zieten wieder in die Armee auf, wies aber seinen Kommandeur an: »Er hat ein wachsames Auge auf den Leutnant von Zieten und ist verantwortlich für alles, was der Zieten anrichtet.«

Erst nach diesem dritten Anlauf in seiner militärischen Laufbahn als Premierleutnant bei der neu aufgestellten Leibschwadron der Husaren in Berlin konnte Zieten sein militärisches Talent beweisen. Er brachte es bei den Husaren bis zum General und wurde einer der bekanntesten Kavalleriekommandeure in der Armee Friedrichs II.

Wie der Rachen der Hölle ...

Die in den Kriegen des 18. Jahrhunderts übliche Lineartaktik war von Friedrich II. unter Ausnutzung der Feuerkraft zu höchster Vollkommenheit entwickelt worden. In breitgezogenen Vierecken bewegten sich die Formationen der Söldner im Gelände, immer eine festgefügte Masse bildend, als ob sie der feindlichen Artillerie die Arbeit erleichtern wollte. Friedrich hatte es verstanden, diesen Formationen etwas mehr Beweglichkeit zu geben. Die Menschenmauer mußte sich, je nach Notwendigkeit, dehnen oder zusammenschließen. Die Glieder der Kompanien wurden so aufgestellt, daß sie gleichzeitig oder auch abwechselnd schießen konnten.

Friedrich Wilhelm I., der Vater Friedrichs II., und sein Exerziermeister, Leopold Fürst von Anhalt-Dessau, der den Gleichschritt und den eisernen Ladestock eingeführt hatte, waren die Schöpfer dieser preußischen Infanterie. Oberster Grundsatz Friedrich Wilhelms I. war dabei: »Geschwinde laden, geschlossen anschlagen, wohl antreten, wohl in das Feuer sehen, alles in tiefster Stille.«

Mit Hilfe des eisernen Ladestocks und des ebenfalls eisernen Drills war die Feuerüberlegenheit der preußischen Truppen erzielt worden. Wer am schnellsten schoß und zugleich mit den ungefügen, langsam vorrückenden Menschenmauern am geschicktesten manövrierte, blieb Sieger.

Wie umständlich es aber war, aus den Gewehren der damaligen Zeit auch nur einen einzigen Schuß abzugeben, das erfährt man aus den Exerzierreglements dieser Zeit: »Die Kerls müssen sehr geschwinde den Hahn in die Ruhe bringen, hernach sehr geschwinde die Patron ergreifen, selbige sehr geschwinde kurz abbeißen, daß sie Pulver ins Maul bekommen, darauf geschwinde Pulver auf die Pfanne schütten, die Pfanne geschwinde schließen, das Gewehr hurtig zur Ladung herumwerfen ..., nach diesem muß die Patrone geschwinde in den Lauf gebracht und rein ausgeschüttet, der Ladestock auf das allergeschwindeste herausgezogen, geschwinde verkürzet, geschwinde in den Lauf gesteckt, daß die Ladung fest angesetzt wird, hernach mit einem Ruck geschwinde herausgerissen und an seinen Ort gebracht …« Vierzehn verschiedene Vorgänge mit einer mehrfachen Zahl von Handgriffen mußte der Soldat beim Laden automatisch exakt beherrschen. Dann erst wurde das Gewehr hochgenommen, angeschlagen, und auf Kommando feuerten alle zugleich, was man als eine Salve* bezeichnete. Die preußischen Infanteristen waren so gedrillt, daß sie bis zu vier Salven in der Minute abgeben konnten. Die Glieder der Kompanie feuerten abwechselnd. Während ein Glied schoß, luden die anderen die Gewehre. Man nannte das ein rollendes Feuer, von dem Friedrich II. einmal sagte, daß es für den Feind wie der Rachen der Hölle sein müsse.

»Dies muß die Furcht tun ...«

HART waren die Strafen in den Armeen des 18. Jahrhunderts, die zum großen Teil aus angeworbenen Ausländern bestanden. Friedrich II. hat einmal erklärt, daß eine ideale Kompanie aus zwei Dritteln Ausländern und einem Drittel »Einländern« bestehen solle. – Um aus diesen Söldnern ein gut funktionierendes Kriegsinstrument zu machen, das entsprechend der Lineartaktik zuverlässig eingesetzt werden konnte, waren Korporalstock und Spießrutenlauf die Mittel geworden, mit denen man eine eiserne Disziplin durchzusetzen versuchte.

Der preußische Heeresreformer Her-

mann von Boyen hat die damaligen Zustände denkwürdig beschrieben: »Höchstens die Hälfte der Ausländer waren leichtsinnige, aber durchaus nicht verderbte Menschen, während die andere Hälfte aus nichtsnutzigen Wesen bestand, die das Desertieren von einem Dienst zum anderen zum Gewerbe ihres Lebens machten, um sich mit dem neuen Handgeld berauschen zu können ... Mit solchem Gesindel bei den Fahnen und den unaufhörlichen Exzessen und Diebereien, die sie verübten, verlor nicht allein der Soldatenstand die Achtung seiner Mitbürger, sondern es wurde auch eine gewaltsame Behandlung der Soldaten notwendig oder wenigstens üblich, die selbst die Besseren unter ihnen herabwürdigte ...«

Um Tausende von Männern in festgefügten Formationen auf dem Schlachtfelde ungedeckt wie auf dem Exerzierplatz marschieren zu lassen, ungeachtet des feindlichen Feuers, so furchtbar es auch sein mochte, stellte man den Grundsatz auf, daß der Soldat vor dem Stock des Korporals und seinen Offizieren mehr Furcht haben müsse als vor den feindlichen Kugeln.

So schrieb Friedrich II. in seinem »Militärischen Testament« von 1768, in dem er seine Ansichten zum Kriegswesen darlegte: »Alles, was man aus dem Soldaten machen kann, ist, ihm Corpsgeiste zu geben, d.h. eine höhere Meinung von seinem Regiment als von allen anderen Truppen des Erdreichs, und da unter Umständen die Offiziere ihn in die größten Gefahren hineinführen müssen (ohne daß der Ehrgeiz auf ihn wirken kann), so muß er seine Offiziere mehr fürchten als die Gefahren, denen er ausgesetzt wird, oder niemand wird imstande sein, ihn zum Angriff unter dem Getöse von 300 Kanonen zu führen, welche ihm entgegen donnern. Der gute Wille wird in solchen Gefahren nichts auf den gemeinen Mann vermögen, dies muß die Furcht tun.«

So schnell schießen die Preußen nicht

Im Gefecht, wenn es darauf ankam, schossen die preußischen Truppen sogar besonders schnell aufgrund ihrer durch unbarmherzigen Drill erworbenen exakten Disziplin.

Der Dienst war sehr streng. Unachtsamkeiten und Verstöße wurden mit Stockprügeln, schwere Vergehen, besonders Desertion, mit Spießrutenlaufen bestraft.

In anderen Armeen jener Zeit wurden die Deserteure erschossen, zum Beispiel bei den Franzosen, woran das alte Lied »Zu Straßburg auf der Schanz« erinnert. – In Preußen dagegen wurden sie durch die Spießrutengasse gejagt. Auch dies mag ein Zug preußischer »Sparsamkeit« gewesen sein, denn Soldaten waren wertvoll. Nach überstandener Prozedur wurden sie wieder gesund gepflegt und konnten weiterdienen.

So entstand damals die bekannte Redewendung: »So schnell schießen die Preußen nicht!«

»Ach könnt' ich ein Vöglein sein ...«

EIN Ausländer in der preußischen Armee war der 1735 geborene Schweizer Ulrich Bräker, der den Werbern durch Leichtsinn und Betrug ins Garn gegangen war. Er hat vierundzwanzig Jahre später in seiner »Lebensgeschichte des armen Mannes im Tockenburg« das Soldatenleben in der damaligen Zeit geschildert: »Bald alle Wochen hörten wir nämlich neue ängstigende Geschichten von eingebrachten Deserteurs, die, wenn sie noch so viele List gebraucht, sich in Schiffer und andere Handwerksleute oder gar in Weibskleider verkleidet, in Tonnen und Fässer versteckt und dergleichen, dennoch ertappt wurden. Da mußten wir zusehen, wie man sie durch zweihundert Mann achtmal die lange Gasse auf und ab Spießruten laufen ließ, bis sie atemlos hinsanken – und des folgenden Tags aufs neue dran mußten; die Kleider ihnen vom zerhackten Rücken heruntergerissen und wieder frisch drauf los gehauen wurde, bis Fetzen geronnenen Blutes ihnen über die Hosen hinabhingen ...«

Auch auf dem Exerzierplatz, so schreibt Bräker, war »des Lamentierens der Geprügelten kein Ende. Wir selber zwar waren immer von den ersten auf der Stelle und tummelten uns wacker. Aber es tat uns nicht minder in der Seele weh, andere um jeder Kleinigkeit willen so unbarmherzig behandelt und uns selber so, Jahr ein, Jahr aus, kujoniert zu sehen; oft ganze fünf Stunden lang in unsrer Montur eingeschnürt wie geschraubt stehen, in die Kreuz und Quere pfahlgerad marschieren, und ununterbrochen schnelle Handgriffe machen zu müssen; und das alles auf Geheiß eines Offiziers, der mit einem furiosen Gesicht und aufgehobenem Stock vor uns stund … Und kamen wir dann todmüde ins Quartier, so gings schon wieder über Hals und Kopf, unsere Wäsche zurecht zu machen, und jedes Fleckchen auszumustern; denn bis auf den blauen Rock war unsre ganze Uniform weiß. Gewehr, Patrontasche, Koppel, jeder Knopf an der Montur, alles mußte spiegelblank geputzt sein. Zeigte sich an einem dieser Stücke die geringste Untat oder stand ein Haar in der Frisur nicht recht, war, wenn er auf den Platz kam, die erste Begrüßung eine derbe Tracht Prügel.«

So wünschte sich Bräker manches

Mal aus diesem Zwangsdasein in Gedanken weit fort. »Ach könnt' ich ein Vöglein sein und in meine Heimat fliegen! Ich armer, unbesonnener Mensch! Gott erbarm' sich mein. Ich wollte mein Glück bauen und baute mein Elend!«

»Was gehen mich eure Kriege an?«

Mit dem Regiment Itzenplitz zog Ulrich Bräker 1756 ins Feld, als Friedrich II. seiner Armee befahl, nach Sachsen zu marschieren, und damit den Siebenjährigen Krieg auslöste.

Bei Pirna an der Elbe sammelte sich die preußische Armee. »Bis hierher hat der Herr geholfen! Diese Worte waren der erste Text unseres Feldpredigers bei Pirna«, erzählt Bräker in seiner »Lebensgeschichte«. »O ja! dacht ich, das hat er, und wird ferner helfen – und zwar hoffentlich mir in mein Vaterland – denn was gehen mich eure Kriege an?«

Aus dem Lager von Pirna ging es

weiter nach Böhmen. Bei dem Städtchen Lobositz trafen die Preußen auf die österreichische Armee, und es kam zur Schlacht. »Wir rückten inzwischen immer vorwärts. Da fiel mir vollends aller Mut in die Hosen; in den Bauch der Erde hätt' ich mich verkriechen mögen, und eine ähnliche Angst, ja Todesblässe, las man bald auf allen Gesichtern … Potz Himmel! Wie sausten da die Eisenbrocken über unsern Köpfen weg – fuhren bald vor bald hinter uns in die Erde, daß Stein und Rasen hoch in die Luft sprang – bald mitten hinein, und spickten uns die Leute aus den Gliedern weg, als wenn's Strohhalme wären … es krachte und donnerte, als ob Himmel und Erde zergehen wollen, wo das unaufhörliche Rumpeln vieler hundert Trommeln, das herzzerschneidende und herzerbebende

Ertönen aller Art Feldmusik, das Rufen so vieler Kommandeurs und das Brüllen ihrer Adjutanten, das Zeter- und Mordiogeheul so vieler tausend elenden, zerquetschten halbtoten Opfer dieses Tages alle Sinne betäubte.«

Nach diesem Gemetzel von Lobositz entfloh Bräker aus der preußischen Armee und ergab sich einem Trupp österreichischer Soldaten. Im Lager der kaiserlichen Armee traf er noch etwa zweihundert andere preußische Deserteure an. »Wir waren ein wundersames Gemengsel von Schweizern, Schwaben, Sachsen, Bayern, Tirolern, Welschen, Franzosen, Polen und Türken ...«, berichtet Bräker. »Da ging an ein Erzählen und Jubilieren, als wenn wir schon zu Haus hinterm Ofen säßen ... Offiziers und Soldaten standen dann in Haufen um uns her, denen wir mehr erzählen sollten, als uns bekannt war. Etliche indessen wußten Winds genug zu machen, und, ihren diesmaligen Wirten zu schmeicheln, zur Verkleinerung der Preußen hundert Lügen auszuhekken. Da gab's dann auch unter den Kaiserlichen manchen Erzprahler; und der kleinste Zwerg rühmte sich, wer weiß wie manchen langbeinigen Brandenburger auf seiner eignen Flucht in die Flucht geschlagen zu haben.«

Nun konnte Ulrich Bräker wieder in seine Heimat zurückkehren, wo ihn sein Vater mit den Worten empfing: »Gottlob, daß du gesund da bist, und ich einmal alle meine Zehn wieder beisammen habe. Obschon wir arm sind, gibt's doch alleweil Arbeit und Brot!«

Der Grenadier und die Heilige Jungfrau

In der Zeit des Siebenjährigen Krieges waren in einer Kirche in Schlesien verschiedene Opfergaben – Schmuck und Silbergerät – verschwunden, welche die frommen Gläubigen der Muttergottes dargebracht hatten.

Da weder Türen noch Fenster der Kirche erbrochen worden waren, vermutete der Küster, daß diese Gegenstände nur dann gestohlen sein konnten, wenn die Kirche für den allgemeinen Besuch geöffnet war. So begann er, die Besucher aufmerksam zu beobachten, besonders diejenigen, die sich in der Nähe der Muttergottesstatue aufhielten, um dort zu beten. Bald fiel ihm ein preußischer Grenadier auf, der sich häufig dem Standbild näherte. Der Verdacht des Küsters bestätigte sich. Bei einer Untersuchung wurden mehrere der wertvollen Opfergaben bei dem Soldaten gefunden. Daraufhin wurde er verhaftet und vor ein Kriegsgericht gestellt.

Bei der Vernehmung stritt der Grenadier energisch ab, diese Gegenstände gestohlen zu haben. »Ich bekomme einen so geringen Sold«, erklärte er, »daß man davon kaum existieren kann. Auch habe ich keinerlei Nebenverdienst, durch den ich meine Lage bessern könnte. Deshalb habe ich mich in meiner Not an die Heilige Jungfrau gewandt und sie inständig gebeten, mir zu helfen. Sie hat mich erhört, mit der Hand auf die Opfergaben gedeutet und zu mir gesagt: ›Nimm dir davon!‹ «

Das Kriegsgericht hielt diese Entschuldigung für unglaubhaft und verurteilte den Soldaten zu mehrfachem Spießrutenlaufen.

Als König Friedrich II. das Urteil zur Bestätigung vorgelegt wurde und er las, daß der Mann während seiner Dienstzeit sich im allgemeinen als ein guter und tapferer Soldat erwiesen habe, ordnete er an, daß einige katholische Geistliche zu befragen seien, ob ein solcher Fall, wie vom Grenadier dargestellt, nach den Lehren ihrer Kirche möglich sei.

Die Theologen kamen bei der Beantwortung dieser Frage in beträchtliche Verlegenheit. Würden sie ein solches Wunder verneinen, kämen sie in Widerspruch zu ihrer Lehre von den vielen Wundertaten der Muttergottes und anderer Heiliger. So erklärten sie

schließlich in ihrem Gutachten, daß solche Wunder zwar sehr selten, aber doch nicht unmöglich seien.

Daraufhin sandte der König das Urteil unbestätigt an das Kriegsgericht zurück mit dem Bescheid: Der des Diebstahls beschuldigte Grenadier wird von der Strafe freigesprochen. Er hat den Diebstahl entschieden bestritten, und nach dem Gutachten der Geistlichkeit seiner Kirche ist das von ihm behauptete Wunder durchaus möglich. Man soll den Grenadier aber darüber belehren, daß es ihm für die Zukunft bei strenger Strafe verboten ist, von der Heiligen Jungfrau oder einem anderen Heiligen Geschenke anzunehmen.

Wählte Ungnade

WÄHREND des Siebenjährigen Krieges befahl Friedrich II., verbittert durch die Plünderung seiner Berliner Schlösser Charlottenburg, Schönhausen und Friedrichsfelde, das dem Premierminister Sachsens, dem Grafen Brühl gehörende Schloß in Pförten zu zerstören. Ferner erteilte er dem Obersten Johann Friedrich Adolph von der Marwitz den Befehl, das kurfürstlich-sächsische Jagdschloß Hubertusburg zu plündern und alle wertvollen Gegenstände wie Teppiche, kostbare Möbel, Gemälde, Silberzeug und Porzellan zu beschlagnahmen und fortzuschaffen.

Marwitz aber kam dem Befehl, dieses Kriegsverbrechen zu begehen, nicht nach. Als der König daraufhin den Oberst zu sich beorderte und ihn zur Rede stellte, erhielt er zur Antwort: »Solches würde sich allenfalls für Offiziere eines Freibataillons schicken, nicht aber für den Kommandeur von Seiner Majestät Regiment Gensdarmes.«

Von diesem Tage an fiel Marwitz bei dem König in Ungnade und blieb es bis an das Lebensende. Auf seinem Epitaph* in der Friedersdorfer Kirche stehen die Worte: »... wählte Ungnade, wo Gehorsam nicht Ehre brachte.«

Nicht von dieser Welt

In der preußischen Armee war es üblich, daß die Kommandeure der Regimenter die frei werdenden Stellen für Feldprediger nach ihrer eigenen Wahl vergaben. Dem Feldprobst Kletschke war das nicht recht, und so stellte er beim König den Antrag, ihm selbst die Auswahl der Feldprediger für die Regimenter zu überlassen.

Friedrich II. lehnte dieses Gesuch ab, indem er darunterschrieb: »Sein Reich ist nicht von dieser Welt!«

Immer noch schlagfertig

Seinen Lebensabend verbrachte Zieten auf seinem Gut Wustrau. Mit fünfundsechzig Jahren heiratete er noch einmal. Es war die sechsundzwanzigjährige Elisabeth von Platen, die ihm in den folgenden Jahren drei Kinder schenkte. Häufig kamen Gäste nach Wustrau, denn Zieten liebte die Geselligkeit. Er war gern unter heiteren Menschen, beteiligte sich immer lebhaft an den Gesprächen und flirtete auch mit den jungen Mädchen.

Als er eines Abends in geselliger Runde mit einer hübschen jungen Schauspielerin in einem fröhlichen Wortgeplänkel war, wurde ein junger, eitler Baron, der Zieten gegenübersaß, auf den Alten eifersüchtig. Er wollte selbst auf die Schauspielerin Eindruck machen und sagte zu Zieten: »Aber Exzellenz sind doch wirklich nicht mehr der Jüngste!«

»Kommt darauf an«, entgegnete Zieten. »Eins weiß ich ganz gewiß, daß ein *Mann* mit siebzig Jahren immer noch jünger ist als ein *Esel* mit zwanzig Jahren.«

Wann Husaren Weiber nehmen ...

Aus verschiedenen Gründen hatte es Friedrich II. nicht gern, wenn seine Offiziere heirateten, besonders wenn sie noch jung oder unvermögend waren. Er war der Meinung, daß verheiratete Offiziere nicht mehr mit der gleichen Hingabe ihren Dienst ausüben würden. Andererseits fürchtete er auch, daß bei einem Feldzug durch manche Offiziersfrau der Troß des Heeres unnötig vergrößert würde.

Auf den Rand der Eingabe eines Majors vom Kleistschen Husarenregiment, welcher um die Erlaubnis bat, heiraten zu dürfen, schrieb Friedrich in seiner eigenartigen Orthographie: »Officirs von

die Huzaren Musen nicht alle heiraten – Setzt nur Geschleppe im Felde.«

Und ein andres Mal auf das Gesuch eines Leutnants: »Wenn er heirathen will, Kann er den Abschied Kriegen. Ich will keine geheirat Lieutnants bey den Huzaren.«

Als der Husarenoberst von Lossow für einen Major und für einen Rittmeister seines Regimentes um eine Heiratsgenehmigung bat, antwortete Friedrich: »Wann Huzaren Weiber nehmen, so seindt Sie Selten nach dem ein Schus pulver wert, aber wenn er meinte, daß Sie noch gut Dinen würden, so wollte ich es erlauben.«

Ferner fürchtete der König auch, daß die Frauen der Offiziere nach dem Tode ihres Mannes Versorgungsansprüche stellten. So schreibt er auf die Bitte eines Kapitäns von Frankenberg, ihm die Heirat mit der Tochter des Predigers Sellin zu gestatten, die ein großes Vermögen aus Stralsund zu erwarten habe: »Wenn die Officiers Heyrathen wollen, sind die Parthien immer reich, und kaum ist der Mann tod, hat die Frau nichts und bittet um Pension.«

Als der Major von S. ein Fräulein von Kummer zu heiraten beabsichtigte, antwortete Friedrich ihm: »Der Mensch hat schon Kummer genug, wozu will Er sich neuen auf den Hals laden? Indeß habe ich nichts dagegen.«

Wo der König die Zeche bezahlte

ALS König Friedrich II. einmal zur Musterung des Husarenregimentes von Zieten kam, traf er dort in recht ungnädiger Laune ein. Verschiedentlich waren Beschwerden von Berliner Bürgern bei ihm eingegangen über das schlechte Benehmen der Husaren, die sich oft in den Wirtshäusern herumdrückten, häufig betrunken seien und mit den Bürgern Streit anfingen.

Während der Besichtigung ritt der König auf einen Husaren zu, der ihm wegen seiner Narben im Gesicht aufgefallen war. Spöttisch fragte ihn Friedrich: »In welchem Wirtshaus hat Er denn seine Hiebe bezogen?«

»In der Kneipe von Kolin, wo Eure Majestät die Zeche bezahlt haben«, antwortete der Husar schlagfertig.

Bei Kolin hatte Friedrich 1757 eine seiner schwersten Niederlagen erlitten. So nickte er nur stumm und hatte keine weiteren Beanstandungen.

Nicht vor faule Officirs!

Mit der Bewilligung von Pensionen für Offiziere und besonders für deren Angehörige war Friedrich II. knauserig. So schrieb er auf den Antrag der Witwe eines Kapitäns von Münchow, als diese um eine Pension bat: »Ist nicht vacant*, das kommt davon, da heiraten sie so im Gelach hinein, und dann wollen sie pensions haben.«

Als zwei Brüder, die Leutnants von W., um eine Pension für ihre Mutter baten, die Witwe des Oberstleutnants von D., antwortete der König: »Er ist niemals verheurathet gewesen, Ihre Mutter war eine schlichte Hure, und sie sind Bastarde.«

Auf das Pensionsgesuch eines Generals von L., der den Abschied genommen hatte, setzte Friedrich die Randbemerkung: »Ich habe Ihm ein Regiment geben wollen, das hat Er refusiert*. Die Pensions sind nur für invalide nicht aber vor faule Officirs.«

Blücher soll sich zum Teufel scheren ...

Im Herbst 1772 war der Husarenrittmeister Gebhard Leberecht von Blücher bei der Beförderung übergangen worden. Ihm wurde ein Offizier vorgezogen, der zwar an Jahren älter als Blücher, diesem aber im Rang untergeordnet war. Blücher wußte, daß sein Regimentskommandeur, Oberst von Lossow, ihn nicht leiden konnte, und war auch der Meinung, daß Lossow seinen Rivalen deshalb vorgezogen habe, weil dieser einer Familie des höheren Adels entstammte.

Sogleich setzte sich der leicht in Zorn zu bringende Blücher hin und schrieb ein Gesuch an König Friedrich II., in dem zu lesen war, daß der Stabsrittmeister von Blücher vom Bellingschen Husarenregiment bittet, da ihm der Premierleutnant von Jägersfeld zur vakant gewesenenen Zülowschen Eskadron vorgezogen worden sei und ihm bei Überzeugung seiner untadligen Konduite* der darüber empfundene Schmerz schwer erträglich sei, ihm den Abschied allergnädigst zu akkordieren*. Der König würdigte den Rittmeister keiner Antwort.

So versuchtes es Blücher im Frühling 1773 ein zweites Mal. »Gestatten mir Eure Majestät in aller geziemenden Untertänigkeit, Eure Majestät davon in Kenntnis zu setzen, wie unerträglich es für mich ist, daß ich durch einen anderen Offizier übergangen werde, der sich keiner anderen wesentlichen Verdienste rühmen kann, als daß er der Sohn des

Markgrafen von Schwedt ist. Eure Majestät wollen daher allergnädigst gestatten, daß ich meinen Abschied nehme, statt mich in jeder Stunde meines Lebens den bittersten Empfindungen auszusetzen.«

Dieses Mal reagierte der König sofort, indem er an Blüchers Vorgesetzten ein kurzes Schreiben richtete: »Der Rittmeister von Blücher hat die Erlaubnis, seinen Abschied zu nehmen, und kann, sobald es ihm gefällt, sich zum Teufel scheren ...«

Mit dieser Antwort, die seiner militärischen Laufbahn ein plötzliches Ende setzte, hatte Blücher nicht gerechnet. Er sah, daß er zu weit gegangen war, denn er hatte den König durch sein Gesuch ja nur auf die ihm angetane Ungerechtigkeit aufmerksam machen wollen. Er schrieb daraufhin ein neues Gesuch, mit der Bitte um Wiedereinstellung in die Armee. Friedrich aber blieb hart und notierte an den Rand der Eingabe: »Keine Antwort!«

So wird man wieder jung

ALS Friedrich II. im August 1786 starb und sein Neffe Friedrich Wilhelm II. nun König wurde, war Blüchers Stunde gekommen. Als Friedrich Wilhelm bald nach seiner Thronbesteigung bei einer Inspektionsreise nach Stargard kam und dort in dem besten Gasthof der Stadt Quartier nahm, erwirkte Blücher eine Audienz und trug dem König seine Bitte um Wiederaufnahme in die Armee vor, was dieser ihm zusagte.

Ende März 1787 erhielt Blücher das königliche Dokument, durch das er in sein altes Husarenregiment nicht nur wiedereingestellt, sondern zugleich auch zum Major befördert wurde, wobei diese Rangerhöhung um acht Jahre, auf den 14. April 1779, zurückdatiert wurde. So stand er im Dienstalter wieder vor von Jägersfeld, der ihm seinerzeit vorgezogen worden war.

Blücher, dem nun alles gewährt worden war, um das er gebeten hatte, war überglücklich. Er rieb sich vor Freude die Hände und sagte immer wieder: »Der jute Keenich, der jute Keenich!« – Dann aber, als er die Urkunde noch einmal betrachtete und das Datum seiner Beförderung las, sagte er mit einem Augenzwinkern: »So wird man wieder jung. 1786 war ick noch Rittmeister, 1779 bin ick Major, wenn dat so weiterjeht, werd ick als General wohl een lütten Jung sein.«

Fürstliche Menschenhändler

Mit ihren angeworbenen oder zwangsrekrutierten Söldnern trieben eine Reihe deutscher Fürsten während des amerikanischen Unabhängigkeitskrieges von 1775–1783 einen schwunghaften Menschenhandel: die Souveräne von Braunschweig, von Ansbach-Bayreuth, von Württemberg, von Hessen-Nassau, von Waldeck und von Hessen-Kassel. Durch ihre luxuriöse Lebensweise, ihre Mätressenwirtschaft und ihre Prunksucht hatten manche dieser Fürsten ihren Staat so heruntergewirtschaftet, daß ihnen dieser Menschenverkauf sehr gelegen kam, um ihre leeren Kassen wieder zu füllen.

Fast 30 000 deutsche Söldner, genau 29 867 Mann, wurden an Großbritannien zum Kampf gegen die um ihre Freiheit ringenden Amerikaner verkauft. Für jeden Mann zahlten die Briten 7 Pfund, 4 Schilling und 4½ Pence Werbegeld. Für jeden Gefallenen erhielten die Fürsten eine besondere Summe ausgezahlt und konnten einen Ersatzmann stellen, für den sie neues Geld erhielten.

Der Fürst von Hessen-Kassel, der mit 17 000 Mann das größte Kontingent verschachert hatte, bekam für seine Söldner sogar fast das Doppelte der üblichen Summe. Seinen Werbern war auch der Student und spätere Schriftsteller Johann Gottfried Seume in die Netze gegangen, der in seiner Autobiographie »Mein Leben« beschrieben hat, wie es zuging, wenn die zwangsrekrutierten Söldner sich weigerten, nach Amerika verkauft zu werden: »Als wir aber ... abteilungsweise auf den Exerzierplatz kamen, fanden wir statt der gewöhnlichen zwanzig Mann deren über hundert, Kanonen auf den Flügeln mit Kanonieren, die brennende Lunten hatten, und Kartätschen ... Jeder merkte, was die Glocke geschlagen hatte. Der General kam und hielt eine wahre Galgenpredigt. ›Am Tore sind mehr Kanonen‹, rief er, ›wollt Ihr nicht gehen?‹ Die Adjutanten kamen und verlasen zum Arrest: Hans, Peter, Michel, Görge, Kunz. Meine Personalität war eine der ersten; denn daß der verlaufene Student nicht dabeisein sollte, kam den Herren gar nicht wahrscheinlich vor. Da aber niemand etwas auf mich bringen konnte, wurde ich, und vermutlich noch mehr der Menge wegen, bald los gelassen. Der Prozeß ging an; zwei wurden zum Galgen verurteilt ... Die Übrigen mußten in großer Anzahl Gassen laufen, von sechsunddreißig Malen herab bis zu zwölfen. Es war eine grelle Fleischerei. Die Galgenkandidaten erhielten zwar nach der Todesangst unter dem Instrument Gnade, mußten aber sechsunddreißig Mal Gassen laufen und kamen auf Gnade des Fürsten nach Kassel in die Eisen ... Mehr als dreißig wurden auf diese Weise grausam gezüchtigt, und Viele, unter denen auch ich war, kamen bloß deswegen durch, weil der Mitwisser eine zu große Menge hätten bestraft werden müssen. Einige kamen bei dem Abmarsche wieder los ..., denn ein Kerl, der in Kassel in den Eisen geht, wird von den Engländern nicht bezahlt.«

Juchhe nach Amerika!

Zeitgenosse Friedrich Schiller, der selbst in einer militärischen Zuchtanstalt, der »Karlsschule« des Herzogs Karl Eugen von Württemberg, erzogen wurde, hatte den von diesem »Landesvater« betriebenen elenden Menschenhandel aus eigener Anschauung kennengelernt. Schillers Vater, zeitweilig als Werbeoffizier des Herzogs tätig, mußte bereits während des Siebenjährigen Krieges schwäbische Landsleute rekrutieren, die von Karl Eugen als Soldaten an die Franzosen verkauft wurden.

In seinem Drama »Kabale und Liebe« hat Schiller den brutalen Menschenschacher des württembergischen

Tyrannen, während des amerikanischen Unabhängigkeitskrieges gebrandmarkt. Wer kennt nicht jenen verzweifelten Ausbruch des alten Kammerdieners vor der Mätresse des Herzogs, die Brillantschmuck von dem Gelde für die siebentausend verkauften Landeskinder geschenkt bekommt: »O Gott – Nein – lauter Freiwillige. Es traten wohl etliche vorlaute Bursch' vor die Front heraus und fragten den Obersten, wie teuer der Fürst das Joch Menschen verkaufe? – Aber unser gnädigster Landesherr ließ alle Regimenter auf dem Paradeplatz aufmarschieren und die Maulaffen niederschießen. Wir hörten die Büchsen knallen, sahen ihr Gehirn auf das Pflaster spritzen, und die ganze Armee schrie: Juchhe nach Amerika! ...«

Eine neue Epoche der Weltgeschichte

Im Frühjahr 1792 begann eine Koalition europäischer Mächte ihren Feldzug gegen das revolutionäre Frankreich. Mit einer unbeschreiblichen Ahnungslosigkeit zog man in diesen Krieg. Man hielt die Französische Revolution für einen Aufruhr, mit dem reguläre geschulte Truppen im Handumdrehen fertig würden, und glaubte, daß die kriegserprobte preußische und die österreichische Armee die undisziplinierten Haufen des Revolutionsheeres rasch zum Teufel jagen würden.

So gab der preußische General von Bischoffwerder den Offizieren vom Generalquartiermeisterstab den Rat: »Kaufen Sie nicht so viele Pferde, meine Herren, die Komödie dauert nicht lange.« – »Das wird eine Treibjagd wie bei Roßbach«, war die Ansicht der meisten preußischen Offiziere. – An der Tafel des alten Herzogs von Braunschweig, der die preußischen Truppen kommandierte, wurden viele Gläser auf das »selige Ende der Herren vom Nationalkonvent in Paris« geleert.

Aber es sollte ganz anders kommen. Die Söldnertruppen der Koalition trafen nun auf die Massenheere der Revolution, die zwar noch wenig kriegserfahren, dafür aber von den Ideen, für die sie kämpften, erfüllt waren und begeistert unter dem Ruf »liberté et égalité!«* und dem Gesang der Marseillaise in den Kampf zogen.

Als der Herzog von Braunschweig am Mittag des 20. September 1792 bei

Valmy den Hügel von La Lune hinaufritt und die französische Revolutionsarmee vor sich versammelt sah, erschrak er, und es entfuhr ihm der Ausruf: »Teufel, das sind sehr viele Leute!« Er befahl nicht den erwarteten Sturmangriff, sondern beschloß: »Bevor ich angreifen lasse, will ich sie durch Artillerie zum Wanken bringen.« – So kam es zu der berühmten Kanonade von Valmy. Aber trotz hoher Verluste waren die Franzosen unerschütterlich. Gegen Abend, als die Munition zu Ende ging, wurde das Artillerieduell abgebrochen. Aber doch bedeutete das Treffen von Valmy eine große Wende. Zum ersten Mal hatten die Freiwilligen der Französischen Revolution die für unbesiegbar gehaltenen Preußen das Fürchten gelehrt.

Als der sächsisch-weimarische Minister Johann Wolfgang Goethe, der seinen Herzog bei diesem Feldzug begleitet hatte, Jahrzehnte später die Erlebnisse seiner »Kampagne in Frankreich« niederschrieb, glaubte er sich erinnern zu können, am Abend dieses 20. September 1792 bei Valmy zu den Soldaten am Lagerfeuer gesagt zu haben: »Von hier und heute geht eine neue Epoche der Weltgeschichte aus, und ihr könnt sagen, ihr seid dabeigewesen!«

»Sonst gibt es Kabalen!«

In der preußischen Armee des 18. Jahrhunderts galt bei den Offizieren das Draufgängertum mehr als die wissenschaftliche Ausbildung. So schrieb der preußische Generalstabsoffizier und spätere Feldmarschall Friedrich Ferdinand Karl von Müffling, der auch eine Reihe militärgeschichtlicher Werke über die Befreiungskriege verfaßt hat: »Es gab damals in der preußischen Armee von den Generalen bis zu den Fähnrichen Brauseköpfe ohne Zahl, und diejenigen, die es nicht von Natur waren, eigneten sich ein auffahrendes brutales Wesen an, weil sie glaubten, es gehöre zum militärischen Handwerk und Friedrich II. habe es so gewollt. Es galt damals als Regel, welche jedem jungen Offizier unaufhörlich wiederholt wurde, nicht allein (wie man es damals nannte) determiniert antworten, sondern überhaupt antworten, ohne sich einen Augenblick zu besinnen, ob die Antwort eine richtige oder eine falsche sei. Friedrich II. habe nie eine als Antwort schnell ausgesprochene Lüge getadelt, er habe aber die Offiziere, welche sich nach einer von ihm gestellten Frage auf die Antwort besonnen hätten, weggejagt und zwar mit vollem Recht. – Das war eine schlimme Lehre, und es gehörte Scharnhorsts Mut dazu, ihr praktisch entgegenzutreten.«

In ähnlicher Weise schildert der preußische Militärreformer und spätere Feldmarschall Hermann von Boyen die damaligen Zustände im Offizierkorps:

»Eigentliche umfassende Kriegsausbildung gab es überhaupt im Verhältnis zu der Größe der Armee sehr wenig. Im Siebenjährigen Kriege … hatte den strategischen Teil Friedrich eigentlich ganz ausschließlich besorgt, so daß höchstens nur bis zu dem Wirkungskreise eines Detachment- oder Korpsanführers sich praktische Begriffe in den Reihen der Generale und ihrer Gehilfen entwickeln oder durch Tradition in der Armee bei dem Wißbegierigen sparsam vererben konnten. … Noch Ende der achtziger Jahre sagte mir ein geachteter General wörtlich: ›Es ist gar nicht gut, viel gebildete Generale zu haben; der Feldherr und dann noch einer, der die Avantgarde kommandiert, das ist hinreichend; die anderen sind nur zum Anbeißen da, sonst gibt es Kabalen*.‹ «

Knüppel reichen hin ...

DER ehemalige Revolutionsgeneral Napoleon Bonaparte hatte sich 1804 zum Kaiser von Frankreich krönen lassen und versuchte nun, sich ganz Europa zu unterwerfen. Seine Heere bedrohten auch das mitten in diesem Kontinent gelegene Preußen, ein Land, flach wie ein Teller, das keine natürlichen und geschützten Grenzen besaß. Doch der preußische König und seine Generale nahmen diese Bedrohung nicht ernst. Sie vertrauten auf die von Friedrich II. geschaffene Armee und erinnerten sich dabei gern der Worte dieses Königs: »Preußens Grenze, das ist seine Armee!«

Aber diese Armee war längst in ihren überlebten militärischen Prinzipien eingerostet. Die Gewehre waren veraltet, der Sold gering, der Prügelstock regierte, und die Offiziere waren in grenzenloser Selbstherrlichkeit befangen. Sie glaubten hochmütig, daß man die Franzosen wie einst bei Roßbach rasch in die Flucht schlagen würde, und in Berlin vergnügten sich junge Offiziere damit, demonstrativ ihre Säbel an den Stufen der französischen Botschaft Unter den Linden zu wetzen.

Als diese Armee 1806 ins Feld zog, gab ein alter Oberst der im Offizierskorps herrschenden Meinung mit den Worten Ausdruck: »Es tut mir leid, daß die tapferen Preußen Säbel und Gewehre mitnehmen, Knüppel reichen hin, um die französischen Hunde in ihr Land zurückzujagen.«

Kennzeichnend ist auch die Meinung des Generals Ernst Wilhelm Rüchel, die dieser vor den Offizieren seines Stabes äußerte: »Meine Herren! Generale, wie der Herr von Bonaparte einer ist, hat die Armee Seiner Majestät mehrere aufzuweisen.«

»Wo die Kugeln herkommen ...«

In der Schlacht bei Jena und Auerstedt am 14. Oktober 1806 hatten manche der preußischen Truppenkommandeure völlig den Kopf verloren, so auch der Husarenoberst von Heugel.

Als ihm der Rittmeister F. A. Ludwig von der Marwitz, der zu dieser Zeit Adjutant des kommandierenden Generals von Hohenlohe war, im mörderischen Artilleriefeuer der Franzosen den Befehl überbrachte, sich mit seinem Regiment rechts an die Infanterie anzuschließen, um eine Lücke zu füllen, die beim Aufmarsch der Truppen entstanden war, rief der Oberst verwirrt: »Wie soll ich das denn machen?«

»Sie kommandieren: Mit Vieren rechts um! und gehen vor, bis Sie an die Infanterie heran sind.«

»Gut, gut, sagen Sie mir nur immer, wie ich kommandieren soll«, antwortete der Oberst verstört und gab dann seine Befehle, so daß das Regiment nach rechts marschierte.

»Jetzt ist es Zeit, Front zu machen«, wies der Rittmeister dann den Oberst an.

»Ja, ja«, antwortete der erschrocken, »aber nach welcher Seite?«

»Heiliger Gott«, schrie Marwitz voller Verzweiflung, »dahin, wo der Feind steht, wo die Kugeln herkommen!«

Ruhe ist die erste Bürgerpflicht!

In dem mörderischen Kartätschenfeuer der französischen Artillerie in der Schlacht bei Jena und Auerstedt brachen alle Angriffe der nach veralteter Lineartaktik operierenden Preußen zusammen. Die Niederlage verwandelte sich in einen Rückzug, der Rückzug in regellose Flucht und zur Katastrophe für die gesamte preußische Armee.
– Gneisenau, der als Stabskapitän* an dieser Schlacht teilnahm, schrieb in einem Brief: »Zuletzt lief ich mit den anderen davon, in guter Gesellschaft mit Fürsten und Prinzen … Das waren Greuel! Tausendmal lieber sterben, als dies wieder erleben!«

Der preußische König Friedrich Wilhelm III., ebenfalls auf der Flucht, hatte nach dem schrecklichen Gemetzel dieses Tages an die Königin Luise geschrieben, daß sich fast die ganze Armee in dieser furchtbaren Schlacht verblutet habe. »Ich weiß nicht, was aus ihnen geworden ist. Alles, was noch lebt, läuft einzeln herum!« – Luise war in ihrer Kutsche der preußischen Armee gefolgt, um ihrem Mann nahe zu sein. Sie war nun selbst auf der Flucht. Als sie wieder in Berlin eintraf, erhielt sie auf ihre Frage, ob der König bei der Armee sei, die Antwort: »Die Armee? Sie existiert nicht mehr!«

Ein geradezu einzigartiges Dokument der Hilflosigkeit ist die Proklamation des Berliner Bürgermeisters Graf von der Schulenburg kurz vor dem Einzug Napoleons in diese Stadt: »Der König hat eine Bataille verloren. Jetzt ist Ruhe die erste Bürgerpflicht. Ich fordere die Einwohner Berlins dazu auf. Der König und seine Brüder leben!«

Blüchers Kapitulation

NACH der Niederlage Preußens bei Jena und Auerstedt im Jahre 1806, als Blücher nach schweren Kämpfen gegen drei französische Armeekorps mit seinen letzten neuntausend Mann, ohne Munition, ohne Verpflegung und ohne Futter für die Pferde, bei Lübeck schließlich doch kapitulieren mußte, ließ er die Gründe für seine Kapitulation in der Kapitulationsurkunde festschreiben, da er der Meinung war, die Öffentlichkeit, der König und die Armee müßten erfahren, weshalb er zu diesem Schritt gezwungen sei.

Er entsandte seinen Sohn Franz in das Hauptquartier des Marschalls Bernadotte mit einem Entwurf der Kapitulationsbedingungen. Dieser begann: »Da mir von dem Fürsten von Ponte Corvo* eine Kapitulation angetragen wurde, habe ich sie angenommen, weil ich keine Munition, keinen Proviant und keine Fourage mehr habe ...« Bernadotte lehnte diese Formulierung ab mit der Begründung, daß so etwas unüblich sei. Daraufhin ließ Blücher dem Marschall ausrichten, er werde unter keinen anderen Bedingungen kapitulieren und sich lieber bis zum letzten Mann verteidigen, ehe er darauf verzichte. Nun gab Bernadotte nach und ließ Blücher mitteilen, er solle die Gründe für seine Kapitulation seiner Unterschrift hinzufügen.

Blücher war damit einverstanden und sagte achselzuckend: »Ob's vorn oder hinten steht, ist mich egal.«

Ein standhafter Hugenotte

NACH der preußischen Niederlage bei Jena und Auerstedt ergab sich eine der preußischen Festungen nach der anderen den napoleonischen Truppen, darunter so starke Festungen wie Erfurt, Magdeburg, Spandau, Stettin und Küstrin. Nur noch das von Gneisenau, Schill und Nettelbeck verteidigte Kolberg, Danzig und einige kleinere Festungen widerstanden dem Eroberer, darunter auch die Festung Graudenz. Diese wurde von dem vierundsiebzigjährigen General Wilhelm René de L'Homme Courbière verteidigt, der von den Hugenotten abstammte und dessen Großvater noch Franzose war.

Mehrfache Aufforderungen der Franzosen zur Übergabe der Festung lehnte der General ab. Obwohl Courbière fließend französisch sprach, weigerte er sich, mit den französischen Parlamentären in ihrer Sprache zu verhandeln, da er ein Preuße sei, wie er sagte, und ließ das, was er mitzuteilen hatte, durch einen Dolmetscher übersetzen. Courbière ließ sich weder durch die Drohungen der Franzosen einschüchtern, noch fiel er auf ihre Täuschungsmanöver herein.

Als nach sechsmonatiger Belagerung, kurz vor dem Tilsiter Friedensschluß, der napoleonische General Savary die Festung doch noch in seine Hände zu bekommen hoffte, indem er den preußischen General auf hinterhältige Weise aufforderte, doch endlich zu kapitulieren, da es ja keinen König von Preußen mehr gäbe und das ganze Land besetzt sei, lehnte Courbière dies ganz entschieden mit den Worten ab: »Wenn es keinen König von Preußen mehr gibt, so gibt es doch noch einen König von Graudenz.«

Kein Mann trat aus dem Glied

Um die Jahreswende 1806/07, während das Gros der französischen Armee in Preußen und Polen stand, war es in Hessen zu einer Erhebung gegen die Franzosen gekommen, wobei einige Soldaten getötet und ein französischer Offizier in der kleinen Stadt Hersfeld erschlagen wurde.

Napoleon erteilte daraufhin am 19. Januar dem Generalstabschef Berthier den Befehl, »daß die beiden Städte Eschwege und Hersfeld verbrannt werden, daß die 60 Schuldigsten dieser Städte und ihrer Umgebung erschossen werden und daß ein Drittel arretiert und nach Frankreich geführt werde! Man soll 400 Mann mobile Kolonnen in die Städte schicken, welche der Schauplatz der Insurrektion gewesen sind, damit diese auf Kosten der Einwohner dort leben. Man soll ihnen meinen Willen kundgeben, daß die Beleidigungen, die meinen Adlern zugefügt worden sind, nur durch Blut gerächt werden können ...«

Der mit der Strafexpedition beauftragte General Barbot ließ die rebellischen Ortschaften besetzen. Neun der Anführer dieser Rebellion wurden erschossen, andere nach Frankreich deportiert, aber Napoleons Befehle zu Massenexekutionen und die Zerstörung der Städte Eschwege und Hersfeld wurden nicht ausgeführt. Für die Stadt Hersfeld hatte das französische Oberkommando die Strafe folgendermaßen abgemildert: Es sollten nur vier Häuser verbrannt, die Stadt aber sollte geplündert werden. Der badische Oberstleutnant Lingg erhielt den Befehl, mit seinem Jägerbataillon die Strafe am 20. Februar zu vollstrecken.

Die Rettung von Hersfeld durch diesen Offizier hat Johann Peter Hebel bald darauf in seinem »Rheinischen Hausfreund« mit Recht als ein rühmenswertes Beispiel der Menschlichkeit und eines ehrenhaften Verhaltens geschildert: »Die fürchterliche Stunde schlug; die Trommel wirbelte ins Klaggeschrei der Unglücklichen. Durch das Getümmel der Flüchtenden und Fliehenden und Verzweifelnden eilten die Soldaten auf ihren Sammelplatz. Da trat der brave Kommandant von Hersfeld vor die Reihen seiner badischen Jäger, stellte ihnen zuerst das traurige Schicksal der Einwohner lebhaft vor die

Augen und sagte hierauf: ›Soldaten! Die Erlaubnis zu plündern fängt jetzt an. Wer Lust dazu hat, der trete heraus aus dem Glied!‹ So sprach der Kommandant; und wer jetzt ein Glas voll Wein hat neben sich stehen, der trinke es aus zu Ehren der badischen Jäger. Kein Mann trat aus dem Glied. Nicht einer! Der Aufruf wurde wiederholt. Kein Fuß bewegte sich; und wollte der Kommandant geplündert haben, so hätte er müssen selber gehen. Aber es war niemand lieber als ihm, daß die Sache also ablief; das ist leicht zu bemerken. Als die Bürger das erfuhren, war es ihnen zumute wie einem, der aus einem schweren Traum erwacht. Ihre Freude ist nicht zu beschreiben. Sie schickten sogleich eine Gesandtschaft an den Kommandanten, ließen ihm für diese Milde und Großmut danken und boten ihm aus Dankbarkeit ein großes Geschenk an. Wer weiß, was mancher getan hätte! Aber der Kommandant schlug dasselbe ab und sagte, er lasse sich keine gute Tat mit Geld bezahlen. ›Nur zum Andenken von euch‹, setzte er hinzu, ›erbitte ich mir eine silberne Münze, auf welcher die Stadt Hersfeld vorgestellt ist und der heutige Auftritt. Dies soll das Geschenk sein, welches ich meiner künftigen Gattin aus dem Krieg mitbringen will.‹ Dies ist geschehen im Februar des Jahres 1807, und so etwas ist des Lesens zweimal wert.«

Die dankbaren Bürger von Hersfeld aber setzten Oberstleutnant Lingg ein Denkmal in ihrer Stadt.

Nur guten Willen habe ich

GNEISENAU war im Frühjahr 1807 zum Kommandanten der Festung Kolberg ernannt worden, anstelle des alten Obersten Loucadou, der bis dahin diese Festung gegen die Franzosen nur halbherzig verteidigt hatte. Voll Tatkraft und Energie widmete sich Gneisenau nun gemeinsam mit dem Bürgerrepräsentanten Nettelbeck der entschlossenen Verteidigung dieser Stadt. Der Name Kolberg wurde bald zu einem Symbol des Widerstandes gegen Napoleon. Die kleine Festung, zu dieser Zeit strategisch weniger wichtig, war für ganz Preußen das Beispiel heldenmütigen Widerstandes geworden.

In einem Briefe, den Gneisenau von seinem Freunde, dem Oberfinanzrat von Béguelin, erhielt, feierte dieser ihn überschwenglich als Besieger der Franzosen und künftigen Generalissimus, womit er, wie sich Jahre später zeigen sollte, nicht unrecht hatte. Der bescheidene Gneisenau antwortete ihm in einem Brief aus Kolberg vom 27. Mai 1807: »Ihre Freundschaft, mein hochgeschätzter Freund, betrachtet mich in einem zu günstigen Lichte. Ich bin wahrlich der nicht, wofür Sie mich halten; nur guten Willen hab ich, und damit kann man etwas tun ...«

Zuviel Graf

DER in der Schlacht bei Auerstedt verwundete Dragonerleutnant Ferdinand von Schill hatte sich nach schwieriger Flucht in die Festung Kolberg durchgeschlagen. Dort stellte er ein Freikorps auf, welches bald durch Unternehmungsgeist, kühne Handstreiche und seine Streifzüge weit in das Land hinein von sich reden machte.

Diese Formation, die aus Freiwilligen bestand und sich recht buntscheckig zusammensetzte, war weder einheitlich bewaffnet noch uniformiert und hatte mit der alten preußischen Armee wenig gemein. Hier wurden Offiziere wie Soldaten nicht nach Herkunft und Titel, sondern nur nach ihrer Leistung gewertet.

Einer der Offiziere des Freikorps, ein Leutnant Graf von Wedel, war eines Tages von seinem Kompaniechef, dem Leutnant Ewald von Gruben, wegen mangelnder Disziplin in Arrest gesteckt worden. Schill erfuhr davon und erkundigte sich bei dem Kompaniechef nach dem Grund für diese Disziplinarstrafe.

»Weil er zuviel Graf und zuwenig Leutnant war«, erklärte Gruben kurz und bündig.

»Räuberhauptmann Schill«

Napoleon hatte bei seinem Einzug in Berlin im Oktober 1806 die nach einem Entwurf Schadows geschaffene Quadriga vom Brandenburger Tor herunterholen und als Kriegsbeute nach Paris bringen lassen.

Wenige Monate später erbeutete Ferdinand von Schill bei einem Streifzug mit seinem Freikorps vier prachtvolle arabische Rassepferde, die für den persönlichen Gebrauch Napoleons bestimmt waren. Da dem Kaiser viel an dem Besitz dieser Pferde lag, ließ er dem Freikorpsführer Schill einen Brief zustellen, der »An den Räuberhauptmann Schill« adressiert war, denn als

»Brigands« und Banditen pflegte Napoleon die Freikorps zu bezeichnen. Der Brief enthielt das Angebot, daß dem als »Räuberhauptmann« titulierten Schill für jedes der Pferde tausend Taler gezahlt werden sollten, wenn er sie zurückgäbe.

Schill antwortete: »Mein Herr Bruder! Daß ich Ihnen vier Pferde genommen habe, freut mich um so mehr, als ich aus Ihrem Schreiben ersehe, daß Sie großen Wert auf dieselben legen. Jedoch kann ich sie nicht für die angebotenen tausend Taler für jedes Pferd zurückgeben, da es mich nicht nach Ihrem Gelde gelüstet, denn ich habe dessen soviel, als ich bedarf. Überdies begehre ich kein fremdes Eigentum. Wollen Sie indessen gegen diese jene vier von dem Brandenburger Tore in Berlin geraubten Pferde wieder an ihre

Stelle setzen, so stehen Ihnen die vier Pferde, welche ich Ihnen genommen habe, ohne weitere Bezahlung wieder zu Diensten.«

»Daß es recht viele solcher Narren gebe ...«

Im Schillschen Freikorps von 1806/07 waren schon manche der Grundsätze verwirklicht, die durch die spätere Scharnhorstsche Heeresreform auf die gesamte preußische Armee übertragen wurden: Das Adelsprivileg war abgeschafft — wer sich bewährte, konnte Offizier werden. Ehrengerichte entschieden über Lob und Tadel, und die enge Verbundenheit mit dem Volke war die Voraussetzung für das Gelingen jeder militärischen Unternehmung.

Da man es in einer solchen bunt zusammengewürfelten Schar von Freiwilligen mit dem Formalismus der in der alten preußischen Armee üblichen Dis-

ziplin nicht genau nahm, war das Freikorps bald den Vorwürfen seiner reaktionären Gegner aus den Kreisen des Adels ausgesetzt, die in der Existenz einer solchen Truppe ihre Privilegien bedroht sahen. Sie beschimpften das Freikorps als undisziplinierten Haufen, den sie des Ungehorsams, des Rebellentums, der Zügellosigkeit und der Ausschweifungen bezichtigten.

Der alte Feldmarschall von Kalckreuth bezeichnete Schill sogar als einen Narren und Bärentreiber, dem das Volk aus Sensationslust seine Gunst schenke.

Gegen den Vorwurf Kalckreuths nahm das »Hamburger politische Journal« den Freikorpsführer in Schutz und schrieb: »Ist aber Schill wirklich ein Tor, nun, so muß jeder Patriot wünschen, daß das Schicksal seinem Vaterland recht viele solcher Narren gebe.«

Der Franktireur Gneisenau

Zu den entschiedensten preußischen Reformern gehörte August Neidhardt von Gneisenau. Gemeinsam mit Scharnhorst und Clausewitz war er bestrebt, nicht nur die Adelsprivilegien und die entehrenden Körperstrafen in der Armee abzuschaffen, sondern die Soldaten auch zu verantwortungsbewußten Staatsbürgern zu erziehen, die nicht nur zu gehorchen, sondern auch zu denken gelernt hatten.

Gneisenau, der auch publizistisch tätig war, setzte sich in Denkschriften und Presseartikeln für eine allgemeine Volksbewaffnung ein. Dabei entwickelte er auch eine eigene Konzeption für die

Führung eines Volkskrieges. Als Gneisenau im August 1811 Friedrich Wilhelm III. einen Plan zur Vorbereitung eines Volksaufstandes gegen Napoleon unterbreitete, der sich noch heute wie ein modernes Handbuch für den Partisanenkrieg liest, waren König und Junkerkaste entsetzt, denn die Vorstellung, das Volk zu bewaffnen, jagte ihnen Furcht ein.

»Als Poesie gut«, schrieb Friedrich Wilhelm an den Rand dieser Denkschrift. Gneisenau antwortete dem König, daß auf solche Art Poesie die Sicherheit seines Thrones begründet sei. »Das ist Poesie, und zwar von der edelsten Art, an ihr will ich mich aufrichten mein Leben lang.«

Freiheit des Rückens

Es war das Bestreben der preußischen Reformer um Scharnhorst, die entehrenden Körperstrafen in der Armee grundsätzlich abzuschaffen. Wenn man ein Volksheer aufbauen wollte, in dem die Söhne des Landes dienten, das durchdrungen war von dem Willen, das Vaterland von der fremden Willkür zu befreien, so durfte der Soldat auch nicht mehr der Willkür der eigenen Vorgesetzten, vom Korporal aufwärts, ausgesetzt sein, die ihm für die kleinsten Vergehen Prügelstrafen zudiktieren konnten.

So appellierte Gneisenau an das Gewissen der Öffentlichkeit in einem Zeitungsartikel im Jahre 1808: »Vor zwanzig Jahren begann das Wort Freiheit durch Europa zu tönen. Wir fühlen seine Erschütterungen noch, obgleich dem Wort nun ein ganz anderer Sinn unterlegt ist. Laßt uns unsern Blick abwenden von dieser Freiheit so mancherlei Gestalt und Art und uns mit der Freiheit der Rücken beschäftigen, die wahrlich einer aufgeklärten Nation nicht unwürdig ist ... Was soll der Fremde, was soll der Bürger denken, wenn er den Soldaten auf öffentlichem Platze mit dem Stocke mißhandeln, ihn oft für geringfügige Exerzierfehler von eigner Hand seiner hohen Vorgesetzten willkürlich mit Schlägen übersäen sieht und gewahr wird, daß dem oft erst der Kindheit entwachsenen Befehlshaber niederen Grades dasselbe Recht zusteht, und sogar der Unteroffizier dieselbe Willkür übt. – Muß der Zuschauer nicht seinen Blick unwillig abwenden?

Die Proklamation der Freiheit der Rücken scheint also der Verallgemeinerung der Waffenpflichtigkeit vorangehen zu müssen ...«

Das sind nicht die Schlechtesten

Durch die Erfolge der Spanier im Kampf gegen Napoleon ermutigt, erhob sich Österreich im Frühjahr 1809 zum Kampf gegen die französische Invasion und forderte zugleich seine Nachbarn auf, an diesem Befreiungskampf gegen die napoleonische Vergewaltigung Europas teilzunehmen. Aber weder Preußen noch Rußland folgten dem Rufe Österreichs, sondern schlossen im Gegenteil ein Bündnis mit Napoleon ab.

Major Karl von Grolmann, der zu den preußischen Reformern gehörte und noch am 1. März 1809 zum Chef der I. Abteilung des Kriegsdepartements ernannt worden war, nahm daraufhin im April seinen Abschied aus der Armee. Obwohl der König Grolmanns Verabschiedung ablehnte, ging er außer Landes und trat in das österreichische Heer ein. Die Gegner der »preußischen Jakobiner«, wie die fortschrittlichen Reformer auch genannt wurden, entfachten daraufhin eine Verleumdungskampagne gegen Grolmann, wobei sie ihm unter anderem auch Undankbarkeit gegen seinen König vorwarfen.

Carl von Clausewitz, mit Grolmann befreundet, erteilte diesen Leuten die bitter-sarkastische und zugleich prophetische Antwort: »Wahrlich, es werden noch viele in ähnlicher Absicht den Abschied nachsuchen, und das sind, denke ich, nicht die Schlechtesten. Die aber, welche sich aus lauter Anhänglichkeit an den König nicht von ihrem Gehalt losreißen können, die aus lauter

Patriotismus lieber auf Parade gehen als zur Schlacht, die sind schwerlich die Besten.«

Von mir werden sie es nicht bekommen

Nach der Niederlage Österreichs 1809 ging Karl von Grolmann im Frühjahr 1810 nach Spanien, um weiter am Kampf gegen Napoleon teilzunehmen. Er stellte dort eine Legion extrangera* auf und sammelte darin ehemalige Kriegsgefangene sowie aus den napoleonischen Streitkräften desertierte Deutsche.

Mit großer Tapferkeit bewährte sich diese Legion in zahlreichen Schlachten. Grolmann wurde zum Oberstleutnant befördert und mit einem hohen spanischen Orden ausgezeichnet. Bei der Kapitulation spanischer Streitkräfte bei Valencia im Januar 1812 geriet die Legion in Kriegsgefangenschaft und wurde in einem nicht endenwollenden Fußmarsch nach Frankreich eskortiert. Dabei wurden zahlreiche Angehörige der Legion, die den Strapazen dieses Gewaltmarsches nicht gewachsen waren und nicht mehr weiter konnten, von den eskortierenden Soldaten erschossen.

Grolmann war als Stabsoffizier sein Pferd belassen worden. Aber er ging wie die anderen zu Fuß, um den Schwachen helfen zu können, wo es nötig war, und den Erschöpften Mut zuzusprechen.

Als sich bei dem jungen Leutnant von Carisien die Sohlen von den Stiefeln gelöst hatten, zog er sie aus, um barfuß weiter zu marschieren. Doch das hätte er nicht lange durchhalten können. Grolmann verkaufte bei der nächsten Rast in einem Dorf sein Pferd und erstand ein Paar alte, aber noch gut brauchbare Stiefel, die er Carisien schenkte.

Als Carisien sich dafür bei Grolmann bedanken wollte, winkte der ab und sagte zu ihm: »Reden Sie keinen Unsinn. Das hätten Sie auch für mich getan. Wir sind, wie ich hörte, bald an unserem Bestimmungsort angelangt. Wahrscheinlich wird diese Bande uns das Ehrenwort abfordern wollen, keinen Fluchtversuch zu unternehmen. Von mir werden sie es nicht bekommen.«

Wenige Wochen später entfloh Grolmann aus der französischen Gefangenschaft und hielt sich einige Monate als Student in Jena verborgen, bis Anfang 1813 der Befreiungskampf begann.

Handle Du, ich will es tragen

Als bekannt wurde, daß der preußische König gemäß dem mit Napoleon abgeschlossenen Bündnisvertrag diesem ein Hilfskorps für seinen Feldzug gegen Rußland stellen würde, faßte Carl von Clausewitz den Entschluß, seinem Gewissen zu folgen und seinen Abschied aus der Armee zu nehmen. Er wollte nach Rußland gehen, um in der russischen Armee gegen den Unterdrücker seines Vaterlandes zu kämpfen. Clausewitz war sich bewußt, daß nur im Bunde mit Rußland Napoleon besiegt werden konnte.

Der Entschluß, den Clausewitz gefaßt hatte, war ihm nicht leichtgefallen. Er mußte ja nicht nur Abschied von einer Armee nehmen, die er in den vergangenen Jahren mit seinen Freunden Scharnhorst und Gneisenau neu geschaffen hatte, er mußte sich auch von seiner Frau Marie trennen, die er nach fast siebenjähriger Verlobungszeit erst knapp zwei Jahre zuvor hatte heiraten können.

Marie aber verstand ihn voll und ganz. Sie schrieb ihm zu seinem Entschluß: »Die Bitte muß ich noch hinzufügen, daß Du bei Deinen Plänen für die Zukunft dem Gedanken an mich keinen Einfluß auf Deine Entschließungen einräumen mögest. Deine Liebe ist mein höchstes, mein einziges Gut, aber ich würde untröstlich sein, wenn Du mir, meiner Meinung, meinen Wünschen irgendein Opfer brächtest, das Du in der Folge bereuen könntest; an

Dich und Deine Zukunft, nicht an die meinige denke, und, wie Diotima im ›Hyperion‹ sagt, handle Du, ich will es tragen!«

Das deutsche Kanonenfutter

Mit einer Armee von fast sechshunderttausend Mann zog Napoleon im Sommer 1812 gegen Rußland. Aber kaum ein Drittel dieser »Grande Armée«, die Napoleon aufgeboten hatte, waren Franzosen. Dieses gewaltige Heer setzte sich aus Angehörigen aller von Napoleon unterworfenen Nationen zusammen: Italienern, Spaniern, Polen, Holländern, Dänen, Kroaten und andere Völker. Am stärksten waren aber die Deutschen mit über zweihunderttausend Mann in dieser Armee vertreten. Bayern, Württemberg, Baden, Westfalen, Sachsen, Hessen, Hannover und andere deutsche Staaten hatten Kontingente für diesen Feldzug stellen müssen, auch Preußen.

Die unter dem Befehl französischer Marschälle kämpfenden Truppen der deutschen Rheinbundstaaten wurden besonders rücksichtslos eingesetzt, und nur wenige von ihnen sahen die Heimat wieder. Auch nach dem Zusammenbruch der »Großen Armee« erhielten die Deutschen oft die gefährlichsten Aufträge und mußten den Rückzug der französischen Elitetruppen decken, die sich Napoleon für entscheidende Kämpfe aufsparen wollte.

Als sich einmal württembergische Offiziere darüber beklagten, gab ihnen der Stabschef des Marschalls Ney zynisch zur Antwort: »Es ist in unserem Interesse, daß möglichst viele von euch umkommen, damit ihr euch nicht später gegen uns wendet.«

»Sie sind der erschte!«

BEI seiner Flucht aus Rußland verließ Napoleon bereits in der Nacht nach dem katastrophal verlaufenen Übergang über die Beresina die Reste seiner Armee, bestieg einen Schlitten und fuhr zurück nach Frankreich. In zwölf Tagen jagte er quer durch Europa, über Wilna, Warschau, Dresden nach Paris, wo er in der Nacht zum 18. Dezember 1812 eintraf.

In einen dicken Pelz gehüllt, den Hut tief in die Stirn gedrückt, saß er wie ein flüchtiger Spion, der nicht erkannt werden wollte, in einer Ecke seines Schlittens. In der Gegend von Grodno mußte er mit einer Fähre über

den Njemen setzen, der trotz der bitteren Kälte noch offen war. Es war jener Fluß, den er ein halbes Jahr zuvor mit seiner »Grande Armée« siegesbewußt überschritten hatte, um in Rußland einzufallen.

Am jenseitigen Ufer traf er auf einige sächsische Soldaten, die den Flußübergang bewachten.

Napoleon beugte sich im Schlitten vor und fragte einen alten Unteroffizier: »Sind schon viele Deserteure über den Fluß gekommen?«

Der Sachse, der nicht ahnen konnte, wer hier pelzvermummt im Schlitten saß, antwortete: »Nee, mein Herr, Sie sind der erschte!«

»Scharf wie gehacktes Eisen«

DEN preußischen General Hans David Ludwig von Yorck charakterisierten seine Zeitgenossen als einen Mann von hohen soldatischen Qualitäten, geradem Charakter, kühnem Mut und eisernem Willen, aber sie bescheinigten ihm zugleich auch Bitterkeit und Schärfe, Verschlossenheit und ein leidenschaftliches, jäh aufbrausendes Temperament. – Yorcks Biograph, Johann Gustav Droysen, schrieb über ihn, daß er »scharf wie gehacktes Eisen« durch seine Zeit gegangen sei.

Yorck war ein erbitterter Gegner der preußischen Reformer, die er als »Räsonneurs« und »Demokraten«, ja sogar als »Natterngeschmeiß« bezeichnete. Er freundete sich mit den Reformern nur soweit an, wie sie das Militärische betrafen.

Scharnhorst aber kannte Yorck auch als einen entschiedenen Patrioten, dem das Schicksal seines Vaterlandes über alles ging. So empfahl er dem König, den Generalleutnant Yorck zum Stellvertreter des franzosenfreundlichen Generals Grawert zu machen, der auf Wunsch Napoleons zum Kommandeur des preußischen Hilfskorps ernannt worden war, das Friedrich Wilhelm III. dem französischen Kaiser für seinen Feldzug gegen Rußland zur Verfügung stellen mußte. – Grawert war alt und krank; kurze Zeit darauf war Yorck Kommandeur. – Scharnhorst hatte die richtige Wahl getroffen, denn Yorck war ein Mann, der sich nicht zu einem wil-

lenlosen Werkzeug in der Hand Napoleons machen lassen würde.

Blücher charakterisierte Yorck einmal treffend: »Der Yorck ist ein giftiger Kerl, er tut nichts als räsonnieren, aber wenn es losgeht, so beißt er an wie keiner.«

Entscheidung des Gewissens

ALS Napoleon im Juni 1812 den Krieg gegen Rußland begann, mußte auch Preußen ihm ein Hilfskorps von 20 000 Mann stellen. Nur widerwillig zogen die preußischen Soldaten nach Rußland, und der sie kommandierende General von Yorck versuchte, sein Korps, soweit ihm dies möglich war, aus den kriegerischen Auseinandersetzungen herauszuhalten.

Als nach dem Brande von Moskau die Trümmer der geschlagenen Armee Napoleons im russischen Winter nach Mitteleuropa zurückströmten, war das preußische Korps, das vor Riga gestanden hatte, die einzige noch intakte Formation der »Großen Armee« und sollte nun den Rückzug decken.

Aber Yorck nahm Verhandlungen mit den Russen auf. Auf eigene Verantwortung schloß er am 30. Dezember 1812 die Konvention von Tauroggen ab. Es war eine Tat, die Carl von Clausewitz, der als russischer Parlamentär mit Yorck verhandelt hatte, als eine der kühnsten Handlungen der preußischen Geschichte bezeichnete.

Yorck wußte, daß es mit dieser Entscheidung um seinen Kopf ging. Aber sein patriotisches Gewissen siegte über alle Bedenken. In einem Brief an Friedrich Wilhelm III. schrieb Yorck: »Solange alles in gewöhnlichem Gange ging, mußte jeder treue Diener den Zeitumständen folgen; das war seine Pflicht. Die Zeitumstände aber haben ein ganz anderes Verhältnis herbeige-

führt, und es ist ebenfalls Pflicht, diese nie wieder zurückkehrenden Verhältnisse zu benutzen ... Ich schwöre Eurer königl. Majestät, daß ich auf dem Sandhaufen ebenso ruhig wie auf dem Schlachtfelde, auf dem ich grau geworden bin, die Kugel erwarten werde ...«

Tue recht und scheue niemand

Nach seiner Entscheidung bei Tauroggen ließ Yorck in Ostpreußen die Reservisten einberufen und begann, eine Armee aufzustellen. Im ganzen Lande erhob sich die Bevölkerung und eilte zu den Fahnen. Als in der zweiten Januarhälfte Zeitungen aus Berlin eintrafen, die Yorcks Absetzung verkündeten, verfaßte er eine Gegenerklärung, die er öffentlich anschlagen ließ: »... ich werde daher um so unbedenklicher fortfahren, das Generalkommando des Korps und die anderen Funktionen auszuüben, da im preußischen Staate eine Zeitung bekanntlich kein offizielles Staatsblatt ist und bis jetzt noch kein General seine Verhaltungsbefehle durch die Zeitungen erhalten hat. Um jede Irrung zu verhüten, habe ich für nötig erachtet, diese Erklärung öffentlich bekanntzumachen.«

Am 6. Februar setzte er sein Korps, das inzwischen, durch andere Truppenteile und die Neuausgehobenen verstärkt, auf mehr als fünfzigtausend Mann angewachsen war, in Marsch und überschritt am 19. Februar die Weichsel.

Dem Kommandanten von Graudenz, Major Krauseneck, der zögerte, sich ihm anzuschließen, und den König um Verhaltungsmaßregeln ersuchen wollte, entgegnete Yorck: »Wir leben in einem Zeitpunkt des Handelns, nicht des Fragens. Wer viel fragt, bekömmt viel Antwort. Tue recht und scheue niemand!«

»Ganz gute Idee ...«

ALS Chef des Allgemeinen Kriegsdepartements leitete Scharnhorst in Breslau zu Beginn des Jahres 1813 die Vorbereitungen für die Erhebung Preußens gegen Napoleon. Seinen eindringlichen Vorstellungen war es zu verdanken, daß Friedrich Wilhelm III. am 3. Februar die Genehmigung zur Bildung von freiwilligen Jägerkorps erteilte. Der stets skeptische Friedrich Wilhelm glaubte aber, daß der Aufruf kaum Erfolg haben würde, und äußerte bei der Unterzeichnung in seiner eigentümlichen Ausdrucksweise: »Freiwillige aufrufen, ganz gute Idee; aber keiner kommen!«

Noch am selben Tage, als der Aufruf bekannt wurde, griffen Hunderte von Breslauer Studenten zu den Waffen. Aus allen Teilen des Landes strömten junge Männer zu den Sammelstellen.

Der Historiker Barthold Georg Niebuhr, der Augenzeuge dieser Vorgänge war, schrieb in einem Brief an seine Freundin Dorothea Henßler: »Das Gedränge der Freiwilligen, die sich einschrieben, ist heute so groß auf dem Rathause wie bei einer Teuerung vor einem Bäckerladen.«

»... wird unsere Feinde einschläfern«

Am 16. März 1813 erfolgte die Kriegserklärung Preußens an Frankreich. Am folgenden Tag sollte ein Manifest veröffentlicht werden, in dem der Bevölkerung die Eröffnung des Krieges gegen Napoleon verkündet wurde. Hierfür waren mehrere Entwürfe ausgearbeitet worden. Einer stammte von Staatsminister Ancillon, der in umständlicher Breite erklärte, wieviel Mühe sich die preußische Regierung gegeben habe, um sich die Freundschaft Napoleons zu erhalten, aber leider sei alles vergeblich gewesen, und so müsse man sich schweren Herzens entschließen, den Krieg zu erklären.

Diesen Entwurf las Ancillon am Abend einem kleinen Kreise vor, zu dem auch Scharnhorst und Gneisenau gehörten. Hermann von Boyen, der ebenfalls teilnahm, berichtet darüber in seinen Erinnerungen: »Die ganze Arbeit war reicher an Worten als an Gedanken, die er obendrein noch mit seinem Predigerpathos vortrug. Scharnhorst, der zu jener Zeit außerordentlich viel arbeitete und schon einen sehr geschwächten Körper hatte, war zuletzt bei diesem ewigen Wortgeklingel eingeschlafen, und da sagte Gneisenau sarkastisch: ›Ich stimme für die Arbeit des Herrn Geheimen Legationsrates, denn sie wird unsere Feinde einschläfern.‹ «

Ancillons Elaborat wurde zurückgewiesen. Man entschied sich für den Entwurf des mit Scharnhorst befreundeten Staatsrates Hippel, der dann dem

König zur Unterschrift vorgelegt und am folgenden Tag als Aufruf »An mein Volk« veröffentlicht wurde.

Immer mit gutem Geist

Es war das Schicksal Scharnhorsts, daß er, der bedeutendste preußische Soldat seiner Zeit, niemals selbständig eine Armee führen sollte. »Mein Leben gäbe ich für das Kommando eines Tages«, offenbarte er 1813 seiner Tochter Julie.

Als es aber darum ging, wer das Kommando über die in Schlesien formierte Armee übernehmen sollte, stellte Scharnhorst, so wie er es immer getan hatte, uneigennützig seine Person hinter die Sache zurück, der er diente.

Scharnhorst wäre der am besten Geeignete gewesen, diese Armee zu führen, aber er schlug dem König Blücher dafür vor, um zu verhindern, daß Friedrich Wilhelm III. irgendeinem der anderen alten Generale das Kommando übertrug. »Ich konnte dies nur durchsetzen, wenn ich allem entsagte«, teilte er seiner Tochter mit.

Scharnhorst wußte, daß Blücher ein tapferer und entschlossener Mann war und daß er in der Armee einen großen Ruf hatte. Blücher wurde von den Soldaten geliebt, die unter seiner Führung willig in den Kampf zogen, und er verstand es stets, in entscheidenden Situationen, so schwierig sie auch sein mochten, den Soldaten gegenüber das rechte Wort zu finden. Zögern oder Furcht kannte er nicht. Da Blücher die Grenzen seines Wissens richtig einzuschätzen wußte und auch frei von Dünkel und Rechthaberei war, überließ er in bestimmten Fragen Scharnhorst die

Führung, der sein Stabschef geworden war.

»Mein alter Blücher ist ein braver Mann«, schrieb Scharnhorst an seine Tochter. »Ich habe für ihn alles getan; denn von der Führung einer Armee weiß er nichts. Aber er ist immer mit einem guten Geist am Platze.«

»... die Mauern von Berlin niederreiten!«

FRIEDRICH August Ludwig von der Marwitz, der bereits 1807 ein Freikorps aufgestellt hatte, das nach dem Frieden von Tilsit aufgelöst wurde, begann sofort im Winter 1812/13, als sich das Schicksal Napoleons durch seine Niederlage im russischen Feldzug zu wenden begann, im Oderbruch den Kleinkrieg gegen die Franzosen zu organisieren. Er betrieb die Aufstellung des Landsturms mit großer Energie und wurde, als Preußen in den Krieg eintrat, zu einem der Organisatoren der märkischen Landwehr.

Dem Kavallerieoffizier Marwitz wurde dann die Ausbildung der ersten vier Reiterregimenter der märkischen Landwehr übertragen, eine Aufgabe, der er sich mit rastlosem persönlichem Einsatz widmete.

Um die Landwehrkavalleristen in der bei den aktiven Kavallerieregimentern üblichen Reit- und Exerzierweise zu schulen, reichte die Zeit nicht aus. Marwitz hatte klar erkannt, daß man den märkischen Bauernsöhnen die Sicherheit, mit der sie nach ihrer Art mit den Pferden umzugehen verstanden, nicht durch militärische Pedanterie nehmen dürfe. So hielt er, trotz aller entsetzten Einsprüche vorgesetzter Dienststellen, an seiner »naturgemäßen« Reitausbildung fest.

Mit einem Regiment dieser neuen Landwehrkavallerie wurde Marwitz zu einer Parade vor dem König befohlen, die bei Berlin vor dem Halleschen Tore stattfand. Durch den ungewohnten Anblick der vielen dort versammelten Truppen und der großen Zuschauermenge gingen die Pferde des Regimentes durch, als dieses eine Attacke vorführen sollte, und jagten unter dem Geschrei ihrer Reiter in vollem Galopp auf die Stadtmauer von Berlin zu.

Friedrich Wilhelm III. wandte sich entsetzt ab und bemerkte bissig: Der Marwitz wolle wohl die Mauern von Berlin niederreiten.

Aber dieser ließ sich trotz des verletzenden Spottes nicht beirren und behielt seine Ausbildungsmethoden bei. Zwei Monate später, nach den ersten siegreichen Gefechten, berichtete er selbstsicher dem König über das Regiment: »... es ist niemand dabei, der vor dem Feind nicht seine Schuldigkeit getan hätte ... Dieses Regiment hat den

Feind ebenso niedergerannt, wie Eure Königliche Majestät es für die Mauern von Berlin befürchtet hatten.«

Die Bewährungsprobe

Bei Hagelberg, am 27. August 1813, stand der Generalleutnant von Hirschfeld mit seiner märkischen Landwehrdivision dem Korps des Generals Girard gegenüber. Es kam zu einem erbitterten Kampf, bei dem die aktiven Regimenter Girards zeitweilig im Vorteil waren. Die schon verlorengehende Schlacht wurde durch das Eingreifen des Oberstleutnants Ludwig von der Marwitz entschieden, der die Reserve befehligte. Mit seinen Landwehrbataillonen und der Landkavallerie warf er sich dem vordringenden Feind entgegen und überrannte diesen im Sturmangriff. Mehrere Kugeln durchlöcherten Marwitz' Mantel und Mütze, ohne daß er verletzt wurde. Mit Bajonett und Gewehrkolben schlugen die Landwehrsoldaten den entsetzten Feind in die Flucht, der schwere Verluste erlitt. Auch eine aus Belzig heranrückende Kosakenabteilung griff in den Kampf ein. Fast 4000 Franzosen blieben auf dem Schlachtfeld. Die Sieger nahmen 140 Offiziere und 2000 Soldaten gefangen und erbeuteten 6000 Gewehre und 7 Kanonen.

»Hagelberg war der Offensiv-Ehrentag, der jetzt in das Kriegsleben eintretenden Landwehr«, schieb der preußische Heeresreformer Hermann von Boyen. Und Ludwig von der Marwitz berichtet in seinen Erinnerungen: »... Die Schlacht bei Hagelberg ist weniger merkwürdig durch ihre Erfolge, obgleich auch diese im Vergleich mit

der Zahl der Kämpfenden ungeheuer sind, denn über die Hälfte der Feinde war tot oder gefangen, aber sie ist sehr merkwürdig durch den Geist, der sich bei uns zeigte. Überall dieselbe Hingebung, derselbe Haß gegen die Unterdrücker. Wenn während der Schlacht vieles planlos geschah und ohne Übereinstimmung mit dem Ganzen, so trat der gute Wille und die Tapferkeit der Einzelnen dadurch um so mehr hervor ...«

Die Soldaten des Volkes – die Landwehr hatte sich bewährt.

Blüchers Kopf

NACH dem Tode Scharnhorsts war Gneisenau zum Stabschef Blüchers ernannt worden. Der alte Draufgänger Blücher, der von seinen Soldaten »Vater Blücher« und von seinen russischen Verbündeten »Marschall Vorwärts« genannt wurde, folgte den Ratschlägen seines neuen Stabschefs.

Ohne jede Einschränkung hat Blücher stets die großen Verdienste Gneisenaus anerkannt. Als er im Spätsommer 1813 in sein Hauptquartier reiste, wo sich Gneisenau bereits seit Tagen befand, sagte er lächelnd zu seinen Begleitern: »Meinen Kopf habe ich schon vor einer Woche vorausgeschickt.«

»So ist's mich auch angenehm!«

Während der Schlacht an der Katzbach am 26. August 1813 wurde Blücher durch einen verstört wirkenden Offizier die Meldung überbracht, daß Napoleon selbst mit einer Armee seinem arg bedrängten Marschall Macdonald zu Hilfe käme, die Preußen bereits umgangen hätte und im Rücken der Truppen Blüchers stünde. – Das war eine Nachricht, die manchem Furcht einjagen und wohl auch eine Panikstimmung aufkommen lassen konnte. Napoleon galt bei vielen trotz der Katastrophe seiner Armee in Rußland als ein fast unbesiegbarer Gegner.

Blücher, der diese Meldung zwar für

unglaubhaft hielt, aber sich bewußt war, daß sie auf die Stimmung von Offizieren wie Soldaten eine verheerende Wirkung haben konnte, war sich sofort im klaren, daß es jetzt mehr denn je darauf ankam, unerschütterliche Ruhe zu bewahren und diese offensichtliche Falschmeldung sofort als das hinzustellen, was sie wirklich war. »Donnerwetter«, rief er lachend, »steht er mich im Rücken, nun so ist's mich auch recht angenehm – da kann er mir ja geradewegs am Arsch lecken.«

Diplomatensprache

In den ersten Oktobertagen des Jahres 1813 stand Blücher mit seiner Armee an der Elbe. Hier sollte er sich mit der Nordarmee vereinigen. Diese wurde vom schwedischen Kronprinzen Bernadotte geführt, dem ehemaligen Marschall Napoleons, vor dem Blücher 1806 bei Lübeck hatte kapitulieren müssen. Beide Armeen sollten dann gemeinsam den Fluß überschreiten. Um die dafür zu treffenden Maßnahmen zu beraten, wurde eine Zusammenkunft der beiden Oberbefehlshaber mit ihren Stäben in dem kleinen Ort Jessen vereinbart.

Lebhaft erklärte Blücher, wie er sich

den Übergang über die Elbe gedacht habe. Da aber Bernadotte nicht die deutsche Sprache beherrschte, mußte einer der Adjutanten Blüchers, Graf Goltz, als Dolmetscher einspringen.

Nachdem Bernadotte die französische Übersetzung des Blücherschen Planes angehört hatte, überlegte er eine Weile und meldete seine Bedenken an. Nun mußte wiederum für Blücher übersetzt werden, was Bernadotte gesagt hatte. So ging das eine Weile hin und her. Als aber nach einer geraumen Zeit noch immer keine Einigung zu erzielen war, riß dem ungestümen Blücher der Geduldsfaden.

»Sagen Sie dem verflixten Kerl«, wies er Goltz barsch an, »wenn er partout nicht will, dann soll ihn der Teufel holen.« Goltz verneigte sich höflich vor Bernadotte und übersetzte: »Seine Exzellenz bedauert unendlich, daß die beiderseitigen Ansichten sich nicht völlig decken, ist aber der festen Hoffnung, daß dennoch durch gemeinsames Handeln die entscheidenden Schritte möglich sein werden.«

Damit war die Unterredung beendet. Blücher setzte am 3. Oktober mit seiner Armee über die Elbe. Bernadotte folgte vierundzwanzig Stunden später mit der Nordarmee.

Bei Wartenburg

In der Nacht hatten Blüchers Pioniere eine Pontonbrücke über die Elbe geschlagen. In der Frühe des 3. Oktober 1813 begann die Armee mit dem Übergang auf das französisch besetzte Westufer. Kolonne um Kolonne ging die Infanterie im Laufschritt über die Brücke. Unter dem Feuer der feindlichen Artillerie und zunehmendem Gewehrfeuer aus den Wäldern am Ufer gingen die preußischen Truppen vor.

Um die Mittagsstunde war der größte Teil der Armee bereits im Gefecht, und Blücher setzte nun einige Truppenteile zum Sturm auf den Ort Wartenburg an. In dem von den Franzosen besetzten

Ort stieg aus zahlreichen Kaminen Rauch auf.

Blücher wies daraufhin mit seinem Säbel auf Wartenburg und rief mit lauter Stimme seinen Soldaten zu: »Seht Jungens, da backen sich die Franzosen ihr Weißbrot. Das wollen wir ihnen wegnehmen, solange es noch warm ist.«

Am Nachmittag war Wartenburg eingenommen.

An die Frau Feldmarschallin

NACH der siegreichen Völkerschlacht bei Leipzig wurde Blücher vom preußischen König zum Feldmarschall ernannt und erhielt auch vom russischen und vom österreichischen Kaiser die höchsten Auszeichnungen.

Aus Weißenfels schrieb Blücher am 25. Oktober 1813 seiner Frau Katharina Amalie: »Als Frau Feldmarschallin mußt Du nun anständig leben, und sei nicht geizig und laß Dir was abgehen. Ich kriege nun doch ein ansehnlich Gehalt, aber wir haben leider in zwei Monaten kein Gehalt gekriegt, weil von Berlin nichts zu uns kommen konnte. Schreib mir in Bälde … Mit den Orden

weiß ich mir nun keinen Rat mehr. Ich bin wie ein alt Kutschpferd behangen, aber der Gedanke lohnt mich über alles, daß ich derjenige war, der den übermütigen Tyrannen demütigte.«

Undank ist der Lohn

ALS Stabschef Blüchers hatte Gneisenau an dem Sieg der verbündeten Truppen über Napoleon in der Völkerschlacht bei Leipzig einen großen Anteil. Da aber der unbequeme Gneisenau dem König stets suspekt gewesen war, erntete er von diesem keinen Dank.

Verbittert schrieb Gneisenau an Carl von Clausewitz am 19. Oktober 1813: »Der König hat mir, als alles auf dem Markte in Leipzig versammelt war, einige kalte, doch etwas freundliche Worte der Zufriedenheit mit unserer Armee gesagt. Mir persönlich nichts. Noch habe ich kein Wort der Zufriedenheit über unsern Elbübergang und die folgenden Kriegsbegebenheiten erhalten. Dagegen sagte mir der Kaiser Alexander die schönsten Dinge, ebenso der Kaiser Franz und der Fürst Schwarzenberg. Aber Sie sehen, wie tiefgewurzelt die Abneigung des Königs gegen alle diejenigen ist, die nicht gleiche politische Gesinnung mit ihm gehabt haben. Sowie indessen dieser heilige Krieg vorüber ist, so trete ich aus seiner Armee und will lieber das Brot des Kummers essen, als diesem unfreundlichen Herrscher mich in seiner Armee aufdrängen.«

Kleiner Irrtum

WÄHREND des schnellen Vormarsches im Herbst 1813 hatte General Yorck befohlen, daß die Gepäckwagen der Stäbe oder gar einzelner Stabsoffiziere nicht zwischen den Marschkolonnen der Infanterie und Kavallerie fahren sollten, um den zügigen Vormarsch der Truppen nicht zu behindern.

Da dieser Befehl wiederholt mißachtet wurde und es immer wieder vorkam, daß Gepäckwagen die schmalen Straßen verstopften, ließ Yorck daraufhin bekanntgeben, daß er in Zukunft diejenigen Wagen rücksichtslos verbrennen lassen würde, die entgegen seinem Befehl den Vormarsch erschwerten.

Aber bereits am nächsten Morgen entdeckte er wieder einen Wagen, der an einer Anhöhe liegengeblieben war. Die beiden Pferde konnten das schwere Gefährt nicht die Steigung hinaufbringen. Die Infanteristen hatten sich bereits einen Trampelpfad über die Äcker nebenan geschaffen, aber nun folgte eine Artilleriekolonne, die mit ihren schweren Kanonen nicht ausweichen konnte.

Der ungestüme, rasch entschlossene Yorck rief den nächsten Unteroffizier herbei und erteilte ihm den Befehl, mit seinen Soldaten den Wagen beiseite zu schieben, die Pferde auszuspannen und ihn unverzüglich zu verbrennen. Dann wandte sich Yorck wieder der Batterie zu und beobachtete, wie die Artilleristen ihre Kanonen über die Anhöhe brachten.

Schnell hatten die Soldaten mit Stroh und trockenen Ästen den Gepäckwagen in Brand gesetzt. Yorck ritt zu dem Fuhrknecht, der mit den beiden Gäulen noch in der Nähe stand und zusah, wie der Wagen verbrannte. Er fragte den Mann: »Wem hat denn dieser elende Kasten gehört?«

In strammer Haltung meldete der Fuhrmann: »Dem General Yorck!«

Blücher versucht's auf französisch

AM 1. Januar 1814 überschritt Blücher mit seiner Armee den Rhein und verfolgte den geschlagenen Napoleon nach Frankreich hinein. In der ersten französischen Stadt, die er erreichte, ließ er den Bürgermeister, die Ratsherren und andere angesehene Bürger des Ortes zu sich rufen, um ihnen klarzumachen, daß Napoleon nun geschlagen und seine Herrschaft endgültig vorbei sei.

Als die französischen Bürger versammelt waren, trat Blücher vor sie, musterte sie mit gestrengem Blick und redete sie mit energischer Stimme an: »Messieurs!«

Eine Pause. Nochmals ertönte Blüchers Stimme: »Messieurs!«

Wieder machte Blücher eine Pause, in der er angestrengt nachdachte. Er machte noch ein paar verlegene Handbewegungen, sah sich hilfesuchend nach seinem hinter ihm stehenden Adjutanten um und sagte kleinlaut: »Goltz, sagen Sie ihnen das weitere!«

SCHWEITZ
RHEIN BUND
POLEN

Das sind Eure Garden

Am 31. März 1814 zogen die siegreichen Preußen und Russen in Paris ein. Die verbündeten Truppen marschierten über die Champs-Élysées. Seit vierhundert Jahren betraten damit erstmals wieder Soldaten anderer Länder die Hauptstadt Frankreichs. Sie wurden von den wankelmütigen Parisern, die ihre Häuser nun wieder mit Lilienbannern* schmückten, jubelnd empfangen. »Vivent des Alliés!«* und »Vivent nos libérateurs!«* riefen die Menschen immer wieder, die dicht gedrängt die Straßen säumten und die vor kurzem noch Napoleon zugejubelt hatten.

»Es war schwierig, Platz für die Sie-

RESTAURANT

ger zu schaffen«, schrieb ein Zeitgenosse, »alle Fenster der prächtigen Wohnungen waren mit schreienden Zuschauern besetzt, die Damen trugen ihre elegantesten Kostüme. Weiße Taschentücher flatterten aus den Fenstern, Lilien fielen aus allen Stockwerken. Man hätte denken können, eine siegreiche französische Armee habe einen gefährlichen Gegner vernichtet.«

Als die Monarchen den Vorbeimarsch ihrer Truppen abnahmen, war Friedrich Wilhelm III. mit dem Anblick der preußischen Regimenter, die gewaltige Märsche und noch in den letzten Tagen blutige Kämpfe zu bestehen gehabt hatten, sehr unzufrieden. »Wir trugen kein einziges ganzes Kleidungsstück mehr am Leibe«, hatte danach Blüchers Sohn Franz geschrieben. – Im Gegensatz zu den prächtig uniformierten Gardetruppen Zar Alexanders machten die von den Strapazen gezeichneten preußischen Regimenter einen zerlumpten Eindruck. Vergeblich sah sich Friedrich Wilhelm III. nach seinen Elitetruppen um.

»Habt Ihr meine Garden nicht gesehen?« fragte er mißmutig den General Yorck.

Yorck wies auf die schwer mitgenommenen Regimenter, die gerade vorbeimarschierten, und sagte bissig: »Das sind Eure Garden, Majestät!«

»Der kommt wieder, ganz durchlöchert ...«

Als das Kosakenkorps des Obersten Karl von Tettenborn zu Beginn des Jahres 1813 ins Oderbruch vorstieß, hatte sich diesem Alexander von der Marwitz angeschlossen, der schon 1809 im österreichischen Heer gegen Napoleon gekämpft hatte. Wie sein älterer Bruder F.A. Ludwig von der Marwitz war er Kavallerist, brachte auch Freiwillige mit und führte eine aus Kosaken und märkischen Bauernsöhnen gemischte Abteilung, die man als die »Marwitz-Kosaken« bezeichnete und die durch ihre kühnen Streifzüge bald von sich reden machte.

Den Feldzug 1813 machte Alexan-

der von der Marwitz als Offizier in der russischen Armee, im Korps des Generals Tschernyschow mit. Er zeichnete sich bei Lüneburg, Halberstadt, in Sachsen und anderswo aus. Bei Wittenberg wurde er mehrfach verwundet, nach heftigem Kampfe gefangengenommen, entfloh aber wieder.
Marwitz war mit Rahel Varnhagen befreundet, die den hochbegabten, aber ungestümen Alexander des öfteren ihren »liebsten Freund« nannte. In einem Brief an ihren Bruder Robert schildert sie die Wiederbegegnung mit Alexander Ende September 1813: »Als ich eben mit Tieck und dem jungen Jäger verhandle, geht meine Tür auf, und – Marwitz steht vor mir. Den Arm in einer Binde, ruppig, abgemagert steht er da, einen zerrissenen Bauernkittel an und ein

Stück Kommißbrot, in ein grobes Schnupftuch eingewickelt, in der linken Hand. Welcher Jubel! Er lebt, ist der alte, ist gesund, hat aber acht Wunden … Gefangen war er aber und ist nur durch tausend Aventüren entkommen, und endlich hier. Er ist einfach, gut, wahr, still, mild wie immer, ohne alles Vorurteil über irgend etwas, was vorgefallen ist.«

Von den Wunden genesen, schloß Alexander sich dem Yorckschen Korps an, das am 1. Januar den Rhein überschritt und auf Paris marschierte. Bei den letzten Kämpfen in Frankreich, als Napoleon bei Montmirail, am 11. Februar 1814, das russische Korps des Generals Sacken angriff, dem das Yorcksche Korps zu Hilfe kam, fiel er. Von einer Kugel in den Kopf getroffen, stürzte Marwitz bei der Attacke vom

Pferde. Mit seinen gefallenen Kameraden, Preußen und Russen, begrub man ihn auf dem Sandplateau von Montmirail. Die Stelle blieb unbekannt.

Aus dem Krieg Zurückkehrende brachten die Nachricht von seinem Tode mit in die Heimat. Seine Freunde wollten dies nicht glauben. Noch am 26. April schreibt Rahel Varnhagen aus Prag: »Nun fehlt nur noch Marwitz. Aber ich hoffe. Der kommt wieder, ganz durchlöchert an Körper und Wäsche …« Aber er kam nie wieder.

Blücher in London

Als am 30. Mai 1814 der erste Pariser Friedensvertrag abgeschlossen wurde, traf für Blücher eine Einladung aus London ein.

Am 5. Juni ging Blücher gemeinsam mit dem russischen Zaren und dem preußischen König, die England einen Staatsbesuch abstatteten, in Dover an Land. Tausende drängten sich am Kai und in den Straßen der Hafenstadt, um die Ankunft der Monarchen und des preußischen Volkshelden mitzuerleben. Weit mehr noch als die Monarchen mit ihrem glänzenden Gefolge von Dutzenden Generälen und Adjutanten in prächtigen Uniformen wurde der alte

Blucher
for ever

Blücher umjubelt. Man spannte ihm sogar seine Pferde aus, und die Londoner zogen seinen Wagen zum königlichen Palast.

Vor dem Hause, in dem er Quartier genommen hatte, drängten sich von früh bis spät viele Menschen. »Come forward, Blücher«*, riefen sie – und: »Blücher for ever!«*

Immer wieder mußte sich Blücher der Menge zeigen, nach allen Seiten grüßen und seinen Zweispitz schwenken. Wenn er sein Haus verließ, um auszufahren und London zu besichtigen, kam er in seinem offenen Wagen nur schrittweise vorwärts. Menschen aller Schichten umdrängten seinen Wagen, er mußte viele Hände schütteln, Mädchen küßten ihn, und manche Frauen wollten eine Strähne seines Haares zum Andenken haben.

Blücher aber nahm seinen Hut ab, wies auf seinen Kopf, auf dem sich das Haar schon stark zu lichten begann, und ließ durch seinen Dolmetscher erklären: »Aber meine Damen, wenn ich jeder von Ihnen nur ein Haar geben würde, so hätte ich bald gar keines mehr!«

Immer galant

EINES der prächtigsten gesellschaftlichen Ereignisse fand am 1. Juli in Burlington House zu Ehren des Herzogs von Wellington statt, der seit 1808 triumphale Siege über die napoleonische Armee in Spanien errungen hatte und mit seiner Armee über die Pyrenäen bis nach Toulouse in Südfrankreich vorgestoßen war.

Natürlich war auch Blücher zu diesem Bankett eingeladen, an dem rund zweitausend Gäste teilnahmen. So konnten die Damen nun gleich zwei berühmte Kriegshelden bewundern. – Wellington eröffnete den Tanz, indem er eine Polonaise anführte. Aber Blücher ließ sich nicht ausstechen. Unter dem Jubel und dem Klatschen der Gäste wirbelte er zu einer Polka mit Lady Burghersh durch den Saal.

Beim Essen saß Blücher neben einer Dame, die ihn ständig in ein Gespräch zu ziehen suchte, während er seine Suppe löffelte. Er wischte sich schließlich seinen Schnurrbart und ließ, um galant zu sein, durch seinen Dolmetscher fragen: »Madame, was für wundervolle weiße Hände haben Sie doch!«

Die Dame antwortete, sie trage immer Kalbslederhandschuhe, um die Haut zu schützen.

»Lady«, erwiderte Blücher, »ich trage immer Kalbslederhosen, doch das hat meinem Arsch noch gar nichts genützt!«

Der neue Ehrendoktor

DIE Universitäten Oxford und Cambridge verliehen Blücher die Würde eines Doktors der Rechte ehrenhalber. Als bei einem anschließenden Essen viele Trinksprüche auf das Wohl des neuen Ehrendoktors ausgebracht wurden, erwiderte Blücher: »Wenn ihr mich zum Doktor macht, dann müßt ihr aber Gneisenau wenigstens zum Apotheker machen, denn der hat die Pillen gedreht.«

Hipp, hipp, hurra, Blücher!

»ICH begreife es nicht, daß ich noch lebe«, schrieb Blücher seiner Frau aus London. »Das Volk hat mich beinahe zerrissen.« Immer wieder wurde der Alte von einer Menschenmenge umjubelt, sobald er sich nur in der Öffentlichkeit zeigte. Als er am 9. Juni etwas verspätet in der Oper eintraf, wo die Aufführung schon begonnen hatte, wurde diese sofort unterbrochen, alles erhob sich und begrüßte ihn mit einem donnernden »Hipp, hipp, hurra!«.

Über einen Monat lang mußte Blücher an einem tollen Wirbel von gesellschaftlichen Ereignissen, Partys und Galadiners teilnehmen. Der Bürgermeister von London, der Prinzregent und andere hervorragende Persönlichkeiten gaben ihm zu Ehren Empfänge. Armee und Flotte luden ihn zu Besichtigungen ein, und täglich regnete es neue Einladungen in vornehme Clubs und Adelshäuser.

»Ich muß auf mich aufpassen, denn sonst werde ich noch verrückt«, schrieb Blücher in einem weiteren Brief. »Ich werde unmenschlich fatigiert*, von drei Maler werde ich zugleich gemalen.«

Seinem Vetter Blücher-Altona berichtete er, kurz bevor er am 11. Juli England wieder verließ: »Wie man hier in England mit mich umherschleppt, das wird Ihnen Holck erzählen. Die Franzosen konnten mich nicht umbringen, aber die Engländer und ihr Regent werden es noch durch Güte bewerkstelligen.«

Inwendig ist's besser

In der Schlacht bei Ligny am 16. Juni 1815 wurde dem dreiundsiebzigjährigen Blücher, der sich an die Spitze einer Kavallerieattacke gegen die vordringenden Franzosen gesetzt hatte, das Pferd unter dem Leibe erschossen.

»Nostitz, ich bin verloren«, schrie Blücher seinem Adjutanen zu, als das Pferd zusammenbrach. Der im Todeskampf noch mit den Beinen um sich schlagende Hengst wälzte sich über den Gestürzten. Bewußtlos lag Blücher unter dem Pferdekörper eingeklemmt. Rings um ihn tobte der Kampf. Französische und preußische Kavalleristen prallten aufeinander.

Nostitz war von seinem Pferde gesprungen und deckte mit dem Säbel in der Hand den Feldmarschall. Französische Kürassiere galoppierten so dicht an den beiden vorbei, daß sie mit Nostitz' Pferd zusammenprallten. Der Adjutant warf seinen Mantel über Blücher, um dessen Orden und Rangabzeichen zu verdecken.

Als preußische Kavallerie einen Gegenstoß unternahm, rief Nostitz einige Ulanen herbei, die den Marschall unter dem toten Pferde hervorzogen, ihn über den Sattel legten und in Sicherheit brachten, bevor die Franzosen abermals zurückkamen.

In einem Bauernhause in dem Dorfe Mellery, wenige Kilometer von Ligny entfernt, war ein behelfsmäßiges Feldlazarett eingerichtet. Dort erwachte Blücher aus seiner Ohnmacht. Er hatte

schmerzhafte Quetschungen und Prellungen davongetragen und konnte sich kaum bewegen.

Ein Wundarzt wollte dem Marschall den malträtierten Körper mit einer Flüssigkeit einreiben. Doch der mißtrauische Blücher fragte, was es sei.

»Spirituosa«, antwortete der Arzt.

»Inwendig hilft das doch viel besser«, stöhnte Blücher, griff nach der Flasche, setzte sie an und nahm einen kräftigen Zug. Dann ließ er sich durch den Arzt Champagner verordnen.

»Der alte Teufel«

Bereits am nächsten Tag nach seinem Sturz stand Blücher von seinem Krankenlager wieder auf. »Wir haben Schläge gekriegt, wir müssen es wieder ausbessern«, erklärte er seinen Stabsoffizieren.

Der britische Verbindungsoffizier in Blüchers Stab, Sir Harry Hardinge, der selbst bei Ligny schwer verwundet worden war und die Nacht mit amputiertem Arm auf einer Strohschütte in Blüchers Vorzimmer verbracht hatte, schrieb: »Blücher weigerte sich, auch nur daran zu denken, daß er den Oberbefehl wegen seiner Verletzungen abgeben solle; seinen Adjutanten zufolge hatte er erklärt, daß er sich, ganz gleich, wie sein Zustand sei, lieber auf sein Pferd binden lasse, als zurückzutreten.«

Trotz seiner heftigen Schmerzen und ungeachtet des regnerischen Wetters ritt Blücher zu den Regimentern, und die Soldaten, unter denen sich schon das Gerücht verbreitet hatte, er wäre gefallen, begrüßten ihn mit Jubel.

»Er hatte seine zerschlagenen Glieder in Branntwein gebadet und sich selbst eine Portion Schnaps verschafft«, berichtete ein westfälischer Offizier, der diesen Auftritt miterlebt hatte. »Obwohl ihm das Reiten große Schmerzen machen mußte, ritt er die Kolonnen entlang und tauschte mit vielen Soldaten Witze und Scherzworte aus. Seine gute Laune verbreitete sich wie ein Lauffeuer durch die Kolonnen.«

Die Soldaten sahen von den Kämpfen des Vortages noch recht mitgenommen aus. Sie hatten keine Gelegenheit gehabt, sich zu waschen. Die Uniformen waren vom Schlamm verdreckt und die Gesichter von Pulver, Schweiß und Schmutz verschmiert.

»Kerls, ihr seht aus wie die Schweine«, sagte Blücher zu ihnen, »aber wir müssen den Napoleon schlagen, sonst sind wir verloren.«

In einem Gewaltmarsch kam er mit seiner Armee dem bei Waterloo stehenden und von den Franzosen arg bedrängten britischen Oberbefehlshaber Wellington zu Hilfe. Wenn der Vormarsch auf den vom Regen aufgeweichten und völlig verschlammten Wegen stockte, dann munterte er die Soldaten auf. Die Infanteristen konnten ihre vom Schlamm überkrusteten Stiefel kaum noch heben, und die Kavalleristen mußten ihre Pferde am Zügel führen. Immer mehr Soldaten brachen vor Erschöpfung zusammen und blieben am Wege liegen.

Doch Blücher feuerte die Truppen immer wieder an: »Kinder, wir müssen vorwärts«, rief er den Soldaten zu. »Es heißt wohl, es geht nicht mehr, aber es muß gehen! Ich habe es doch meinem Bruder Wellington versprochen! Und ihr wollt doch wohl nicht, daß ich wortbrüchig werde!«

Als man Napoleon meldete, daß die Preußen unter Blücher im Anrücken seien, weigerte er sich, dies zu glauben. Er hatte offenbar vergessen, was er während seines kurzen Exils auf der Insel Elba über Blücher geäußert hatte: »Der alte Teufel griff mich immer wieder mit der gleichen Kraft an. Wenn er geschlagen war, zeigte er sich einen Augenblick später bereits wieder zum Kampf bereit.«

Von nun an mit rundem Hut!

In der Nacht vom 18. zum 19.Juni 1815 nach der Schlacht bei Waterloo jagte ein Trupp erschöpfter preußischer Reiter hinter den Resten der geschlagenen französischen Armee her. An der Spitze einige Offiziere und ein General: Neidhardt von Gneisenau, Chef des Generalstabes der preußischen Armee, der zu diesem Sieg selbst entscheidend beigetragen hat. – Mit ein paar Trommlern und Hornisten, die die ganze Nacht über den Generalmarsch geschlagen und zum Angriff geblasen hatten, ein paar Dutzend Kavalleristen und einigen Geschützen, die er ab und zu donnern ließ, hatte er den fliehenden

Feind rücksichtslos verfolgt »bis zum letzten Hauch von Roß und Mann«, wie sein Befehl lautete, und hatte alles zersprengt, was sich wieder zu sammeln versuchte. Die Armee Napoleons war vernichtet.

Napoleon selbst war in den Strom der flüchtenden Soldaten geraten, hatte seinen Reisewagen erreicht, mußte ihn aber Hals über Kopf wieder verlassen, da ihm die Preußen dicht auf den Fersen waren, deren nervenzermürbendes Hurra schon in seiner Nähe ertönte. Napoleons Wagen, sein Degen, seine Orden, Siegel und sein zweispitziger Hut, an dem Blücher am Tage darauf seine unbändige Freude hatte, fielen den preußischen Verfolgern in die Hände. Unter den Sitzpolstern des Wagens entdeckte man Goldmünzen in Millionenwert.

»Wir machten erst halt, als der Tag angebrochen war«, schrieb Gneisenau an Marie von Clausewitz. »Es war die herrlichste Nacht meines Lebens. Der Mond beleuchtete die schöne Szene, das Wetter war mild … Wir haben über 400 Kanonen erobert. Der Feind eilt in wilder Flucht gegen Paris oder zerstreut sich. Napoleon ist mit einem runden Hut durch Beaumont geeilt …«

Napolium kann's bestätijen!

VOR dem Gasthof La Belle Alliance, was in deutsch soviel wie Das Schöne Bündnis heißt, fand am Abend des 18. Juni 1815 kurz nach 21 Uhr die historische Begegnung Blüchers mit Wellington statt. Blücher, noch lahm und zerschunden von seinem Sturz, beugte sich im Sattel vor, um Wellington zu umarmen. »Mein lieber Kamerad«, sagte er, »quelle affaire*.«

Bei dieser Begegnung schlug Blücher vor, daß man die Schlacht nach La Belle Alliance benennen sollte, da dieser Name in seiner Symbolhaftigkeit wohl der geeignetste wäre.

Wellington äußerte sich nicht dazu.

Aber er benannte die Schlacht später nach dem Ort Waterloo, wo er sein Hauptquartier aufgeschlagen hatte.

Napoleon aber schrieb, daß seine endgültige Niederlage bei »Mont Saint Jean« erfolgt sei.

Als man sich in späteren Jahren einmal über diese dreifach verschiedene Benennung derselben Schlacht wunderte und den alten Blücher befragte, äußerte dieser lakonisch: »Ist jut so! Diese eene Schlacht war mindestens soviel wert wie drei jewöhnliche. Der Napolium kann's bestätijen!«

ALLIANCE

Zwischen zwei Stühlen

Am 3. Juli 1815 zogen die preußischen Truppen abermals in Paris ein. Nach dem neuen blutigen Feldzug mit den schweren Kämpfen bei Lígny und Waterloo waren manche Preußen sehr erbittert und nicht gut auf die Franzosen zu sprechen, die nun wieder Untertanen des Königs Ludwig XVIII. geworden waren.

Besonders erbost war auch Marschall Blücher, der der Meinung war, daß die Franzosen keine Rücksicht mehr verdienten. Blücher wollte sogar eine Brücke in Paris sprengen lassen, Pont de Jena, die ihren Namen nach der katastrophalen Niederlage Preußens im

Jahre 1806 erhalten hatte. Aber die von den Pionieren angebrachten Sprengladungen verursachten nur einige Risse im Mauerwerk. Zahlreiche Proteste ließen keinen zweiten Versuch zu, und die Brücke wurde schließlich in Pont des Invalides umbenannt.

Carl von Clausewitz war mit der Haltung Blüchers und anderer preußischer Offiziere den Franzosen gegenüber nicht einverstanden. »Welch eine feindliche Stimmung wir dadurch gegen die Franzosen und Ludwig XVIII. bekommen, kannst Du leicht beurteilen, um so mehr, als die Engländer den Einzug des Königs begünstigt haben«, schrieb Clausewitz aus Fontainebleau an seine Frau Marie. »Das Schlimmste scheint mir, daß wir uns zwischen zwei Stühle setzen – wir verderben es mit der französischen Regierung und mit dem

Volke zu gleicher Zeit – und daß wir eigentlich nicht wissen, was wir wollen … Ich finde, daß unser Benehmen nicht den noblen Charakter hat, der den Siegern gerade am schönsten steht … Eine Stellung mit dem Fuß auf dem Nacken eines anderen ist meinen Empfindungen zuwider.«

Die rote Nase des Carl von Clausewitz

Nach dem Sieg über Napoleon in den Befreiungskriegen wurden die fortschrittlichen preußischen Reformer, die man auch als »die preußischen Jakobiner« bezeichnete, von der Reaktion kaltgestellt. So wurde auch Carl von Clausewitz vom König auf den Posten eines Direktors der Allgemeinen Kriegsschule in Berlin abgeschoben. Er war von der Lehrtätigkeit ausgeschlossen und hatte lediglich Verwaltungsarbeit zu leisten.

Verbittert zog sich Clausewitz zurück und wandte sich der schriftstellerischen Arbeit zu, um seine Erkenntnisse für die Nachwelt aufzuzeichnen. In der

Stille seiner Wohnung entstanden nur jene Werke, die ihn später als einen der bedeutendsten Denker über Krieg und Kriegführung weltberühmt machten.

Der schweigsame Generalmajor, den man nur selten zu sehen bekam, galt daher in weiten Kreisen als ein Sonderling und blieb auch vom Klatsch nicht verschont. Anlaß dafür war auch seine rote Gesichtsfarbe und seine geradezu hochrot glänzende Nase. Diese unnatürliche Röte rührte von den Erfrierungen her, die sich Clausewitz in der Kälte des russischen Winterfeldzuges von 1812 zugezogen hatte, an dem er als Oberst der russischen Armee teilnahm. – Die Leute aber, die ihn nicht kannten, besonders die jüngeren Offiziere, witzelten, das käme vom Saufen in seiner vielen Freizeit. Sie behaupteten, daß Clausewitz schon zum Frühstück eine Flasche Wein leere.

Eines Tages besichtigte einer der vielen deutschen Fürsten anläßlich eines Besuches in Berlin die Allgemeine Kriegsschule. Ihm war wohl auch dieses Gerücht zugetragen worden. Er fragte Clausewitz spöttisch, dabei auf die rote Nase des Generals deutend: »Kommt das vom Teetrinken?«

Clausewitz ließ sich nicht in Verlegenheit bringen und erwiderte schlagfertig: »Nein, Durchlaucht – vom Eisessen, nur vom Eisessen.«

Blücher mogelt

Bis in sein hohes Alter widmete sich der lebensfreudige Blücher dem Spiel, der Liebe und dem Wein. Er war ein Freund heiterer Geselligkeit und ein flotter Tänzer. Seine besondere Leidenschaft aber war das Kartenspiel. Mit all seiner Kaltblütigkeit und Gerissenheit, die er oft im Felde bewiesen hatte, versuchte er dabei alle Listen und taktischen Tricks anzuwenden, die er kannte. Wenn er in einer ganz schwierigen Situation war, mogelte er auch mit all der Unverfrorenheit und Schlitzohrigkeit, deren er fähig war. Doch es blieb nicht aus, daß man ihm dabei auf die Schliche kam.

Als Blücher wieder einmal dabei war, mit unbewegtem Gesicht seinem Glück nachzuhelfen, fragte ihn einer seiner Partner: »Exzellenz, wie würden Sie sich einem Menschen gegenüber verhalten, der beim Kartenspiel betrügt?«

Blücher verzog keine Miene, spielte weiter und gab sich keine Blöße. Schließlich sagte er ruhig, als ginge ihn das nichts an: »Ja, wenn es sich dabei um einen sonst anständigen Kerl handelt, dann würde ich nicht hinsehen!«

Fortsetzung folgt

Blücher, der beim Kartenspiel oft hohe Beträge verlor, soll sogar, so wurde erzählt, den König einige Male behelligt haben, um seine Spielschulden zu begleichen. Dieser habe ihm daraufhin eines Tages, anläßlich eines Geburtstages des Alten, wohl um an sein Gewissen zu appellieren und ihn ein wenig zu beschämen, ein Buch überreicht, dessen Blätter aus lauter eingehefteten Geldscheinen bestanden hätten.

Ohne eine Miene zu verziehen, habe sich der Feldmarschall dafür herzlich bedankt und dann das Buch eingesteckt, so als ob es ein Band mit Gedichten oder Bibelsprüchen gewesen wäre.

Der König aber hatte sich über diese Abgebrühtheit Blüchers geärgert, und so fragte er ihn spitz, als er wieder mit ihm zusammentraf, wie ihm denn das Buch gefallen habe. Blücher antwortete gleichmütig mit undurchdringlicher Miene, er habe das Buch schnell ausgelesen und sei sehr gespannt auf die Fortsetzung.

Die Fortsetzung mit gleichem Inhalt ließ nicht lange auf sich warten. Nur lag, als Blücher das Buch aufschlug, noch eine Karte darin, auf die der König geschrieben hatte: »Schluß der Geschichte!«

Das Blücherdenkmal in Berlin

UNTER den Denkmälern der preußischen Reformer und Feldherren der Befreiungskriege, die auf der Grünanlage vor dem Operncafé Unter den Linden stehen, ist das acht Meter hohe Blücherstandbild wohl mit Recht das größte. Denn Blücher hat, was seine Popularität im Volke als einer der Besieger Napoleons anbelangt, alle anderen Persönlichkeiten seiner Zeit weit überragt. Wie er hier, von Christian Daniel Rauch dargestellt, auf hohem, mit Reliefs geschmücktem Denkmalsockel selbstbewußt dasteht, den gezogenen Säbel in der Rechten, den linken Fuß besitzergreifend auf ein Kanonenrohr gestützt, hat ihn der Berliner Volkswitz treffend charakterisiert: »Uff meenen Ofen kommt mir keener, ick habe ja selber kaum Platz druff.«

Anmerkungen und Worterklärungen

Seite

8 Défilée – Engpaß. Graben, Hohlweg

25 Gensdarmes – Leibgarderegiment des Königs, in späterer Zeit Bezeichnung für bewaffnete Organe der öffentlichen Sicherheit

41 Salve – Dieses Wort war ursprünglich ein altrömischer Gruß und bedeutete soviel wie: Möge es dir gut gehen!

64 Epitaph – Grabmal, Totengedenktafel mit Inschrift

76 vacant – offen, frei

77 refusiert – abgelehnt, zurückgewiesen

79 Konduite – Führung
akkordieren – zustimmen, vereinbaren
92 liberté et égalité – Freiheit und Gleichheit
98 Kabalen – Intrigen, Machenschaften, Ränkespiele
104 Stabskapitän – Kapitän, französ. capitaine, gleichbedeutend mit Hauptmann
109 Marschall Bernadotte war Fürst von Ponte Corvo
137 Legion extrangera – Fremdenlegion
198 Lilienbanner – Flagge der Bourbonen
Vivent des Alliés – Es leben die Verbündeten
Vivent nos libérateurs – Es leben unsere Befreier
208 Come forward – Komm heraus
Blücher for ever – lang lebe Blücher
214 fatigiert – ermüdet, belästigt, strapaziert
227 quelle affaire – welch eine Schlacht!

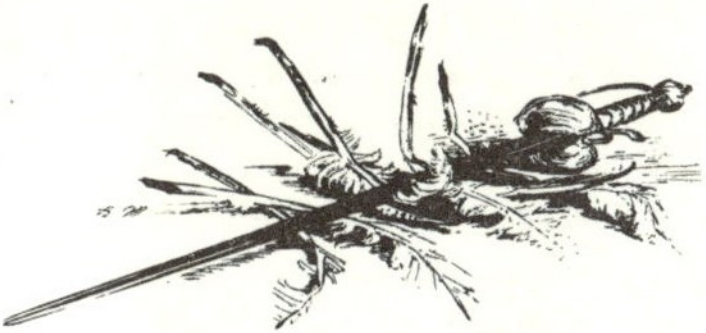

Titel der im Band enthaltenen Grafiken

Seite

Inhaltsverzeichnis

ISBN 3-327-00139-1

2. Auflage, 1989

Lizenz-Nr. 5
Printed in the German Democratic Republic
Gesamtherstellung:
Offizin Andersen Nexö, Graphischer Großbetrieb,
Leipzig III/18/38
Lektor: Annette Kühnel
Gesamtgestaltung: Wolfgang Ritter
LSV: 7001
Bestellnummer: 746 823 3

02200